AF597165

EXPOSITION UNIVERSELLE DE 1855

NOTES

SUR

LES PRINCIPAUX PRODUITS DE L'IMPRIMERIE

EXPOSITION UNIVERSELLE DE 1855

NOTES

SUR

LES PRINCIPAUX PRODUITS EXPOSÉS

DE

L'IMPRIMERIE

PAR

Henry MADINIER

Typographe

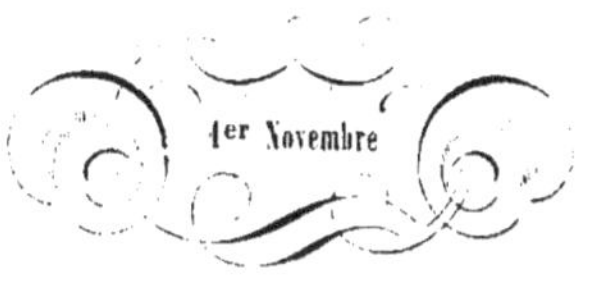

PARIS

IMPRIMERIE ADMINISTRATIVE DE PAUL DUPONT

Rue de Grenelle-Saint-Honoré, 45

1855

Hic labor est noster, sunt hæc miracla Typorum,
Queis nihil utilius videt aut pretiosius orbis,
Visque aliquid melius possunt dare secla futura

Voila quel est notre travail et les merveilles de l'Imprimerie. Le monde entier ne renferme rien de plus utile et de plus précieux. Et je ne sais si les siècles à venir pourront rien produire qui lui soit comparable.

(Thiboust, *De excellentiâ Typographiæ.*)

Entre toutes les découvertes immortelles que le génie de l'homme a pu réaliser, il n'en est peut-être pas de plus grande, de plus belle et de plus utile en même temps que celle de l'Imprimerie. Par l'influence incontestable qu'elle a exercée, qu'elle sera toujours appelée à exercer sur les progrès de l'esprit humain, l'Imprimerie, — avant-coureur certain, auxiliaire actif de la civilisation, — mérite, à tous égards, de prendre le pas sur toutes les industries.

Quelle autre industrie, en effet, pourra jamais songer à se comparer à celle-là? En est-il une seule qui puisse prétendre à ce titre d'*invention divine,* décerné tant de fois à l'Imprimerie?

Et ce titre, qu'on le sache bien, n'avait véritablement rien d'exagéré, si l'on examine attentivement les circonstances qui ont entouré la découverte de Gutenberg, ainsi que les bienfaits immenses qu'elle a répandus sur toute l'Europe. Nous étions au milieu du quinzième siècle, et cinq cents années de guerres continuelles, de barbarie, d'ignorance profonde, venaient de s'écouler ; quelques monastères écartés étaient les seuls asiles que le savoir ou l'intelligence eussent pu trouver contre la force brutale. Sciences, lettres, philosophie, souvenirs de l'antiquité, tout allait périr à jamais, quand, soudain, apparut l'Imprimerie, — *seconde délivrance de l'homme*, a dit Luther. Quelques années s'écoulent ; la nouvelle découverte se propage dans toute l'Europe : aux ténèbres profondes succèdent d'éclatantes lumières ; une ère glorieuse va remplacer la barbarie, l'heure de la *Renaissance* est venue.....

Il n'est besoin de dire ici les progrès rapides que fit l'Imprimerie entre les mains des Alde, des Estienne, des Elzeviers. Un semblable récit nous entraînerait beaucoup trop loin, et réclame, d'ailleurs, une plume plus exercée que la nôtre. Ajoutons seulement que l'Imprimerie n'a point cessé de nos jours d'être l'*art divin* des premiers maîtres. A chaque instant, de nouvelles découvertes viennent agrandir son empire, et la science elle-même est devenue, depuis longtemps déjà, son humble tributaire.

L'Imprimerie ne pouvait faire défaut au grand concours ouvert par la France à toutes les nations du Globe. De tous les points de la terre, même des plus reculés, les fils de Gutenberg ont répondu à l'appel qui leur était fait, et leurs chefs-d'œuvre sont venus prendre place au palais de l'Exposition Universelle.

La foule cependant nous a paru négliger quelque peu les diverses parties du palais de cristal réservées à l'Imprimerie ; et, chose remarquable, les jours où l'entrée ne coûte que vingt centimes, ces jours-là seulement, on voit les gens s'y arrêter et regarder : à certaines expositions, — celle de l'Imprimerie impériale de France, par exemple, — il y a même alors empressement véritable ; les autres jours, on se contente de passer, de jeter peut-être par hasard un ou deux coups d'œil et..... rien de plus. C'est qu'on ne rencontre là, ni dentelles féeriques, ni joyaux précieux, étalant orgueilleusement toutes leurs séductions. Simple et sans faste, comme tout ce qui est véritablement utile, l'Imprimerie se contente modestement de nous montrer ses uniques trésors : des livres !... Et quels sujets d'admiration voulez-vous trouver là?... Ne faisons point fi, cependant, de ces modestes trésors, mille fois plus précieux, mille fois moins périssables que les cailloux étincelants de Golconde ; car ce sont des trésors lentement amassés, et qu'on ne perd jamais dès qu'on les a acquis. Et, d'ailleurs, il y a là aussi des merveilles véritables, il ne s'agit que de les trouver ; c'est ce que nous espérons faire avec vous, Lecteur, si toutefois vous voulez bien nous accepter pour guide.

Dans le système de classification adopté par la Commission Impériale pour le groupement des produits exposés, l'Imprimerie et la Librairie composent la septième section de la vingt-sixième classe. A ces deux industries principales ont été annexées d'autres industries qui, bien que secondaires, s'y rattachent étroitement, et ne pouvaient s'en séparer : la fonderie des caractères typographiques, la stéréotypie et la fabrication des encres.

Les machines à imprimer, les outils et ustensiles employés par la typographie font en outre partie de la sixième classe, dont ils forment la onzième section.

Les Notes que nous publions aujourd'hui se diviseront donc en six parties bien distinctes :

1° Imprimerie et Librairie ;
2° Gravure et fonderie des caractères ;
3° Stéréotypie ;
4° Encres d'imprimerie ;
5° Machines à imprimer ;
6° Ustensiles et Machines d'imprimerie.

Adoptant cet ordre naturel, nous allons passer successivement en revue les divers produits exposés relatifs à l'imprimerie typographique, et, au fur et à mesure qu'ils se présenteront à nos regards, nous signalerons tous ceux que nous aurons jugés remarquables ou vraiment dignes d'intérêt.

Avant de commencer, pourtant, qu'il nous soit permis de signaler un inconvénient des plus graves, — à notre avis, — que nous avons à reprocher au classement des produits par nationalités. Ce mode de classement, s'il a, sans contredit, l'avantage de faire connaître au simple coup d'œil l'importance de l'exposition de chaque nation, et de rendre le service plus facile, a aussi le grand tort d'éparpiller, à des distances souvent très-grandes, une foule de produits similaires, et, par suite, d'entraver la comparaison qui en aurait pu être faite bien plus sûrement et bien plus promptement, si l'on eût adopté le classement par ordre de produits, sans égards pour leur origine. Nous ne nous dissimulons aucune des difficultés sérieuses que l'on eût rencontrées dans ce dernier cas ; mais, en somme, selon nous, il y eût eu avantage réel.

I

IMPRIMERIE ET LIBRAIRIE

EMPIRE FRANÇAIS

IMPRIMERIE.

La France compte à elle seule presque autant d'Exposants que tous les autres pays réunis du monde ; et, nous nous hâtons de le dire, première par le nombre, elle l'est aussi par la beauté de ses produits.

C'est surtout à l'Imprimerie Impériale que revient une large part dans le succès de notre nation. Il est véritablement impossible de rester froid en présence des magnifiques collections, des splendides spécimens de typographie que cet Établissement a exposés. Qui ne connaît, ne fût-ce que par ouï-dire, l'importance et la valeur des collections de types français ou étrangers possédées par l'Imprimerie impériale, et qui en font le premier établissement typographique du monde. Chacun de ces types est représenté à l'Exposition, soit par des échantillons du caractère, soit par des tableaux imprimés. Chinois, japonais, persan, syriaque, hébreu, arabe, grec, tous les types connus s'y trouvent, — nous y avons même vu des caractères hiéroglyphiques. Rien de plus beau, sous tous les rapports, que ces merveilles de gravure typographique, amassées depuis deux siècles et demi. Leur absence à l'Exposition Universelle eût été des plus regrettables ; elle eût fait tort à la France, qui s'enorgueillit, à juste titre, de ces collections; car ce n'est point ici l'œuvre de simples particuliers, mais celle des divers Gouvernements qui se sont succédé, et, à ce titre, le pays en doit revendiquer l'honneur. Cependant, un écrivain s'est trouvé, le seul probablement, pour blâmer, en quelque sorte, l'Administration au sujet de cette exhibition.

« ... Tout a été dit sur ce musée unique au monde, et la brochure « (la Notice distribuée à l'Exposition) aussi bien que les journaux qui « la répèteront, n'ajouteront rien à ce qu'on sait de son histoire, à « ce qu'on énumère de sa description, à ce qu'on raconte des « divers savants et orientalistes qui, depuis Louis XIII jusqu'à nos « jours, ont participé à sa création, à son amélioration et à son « application. Tout cela est acquis, comme le sont les merveilles ; « accepté, comme on accepte le grand salon du Louvre, et quand « nous accumulerions les noms d'idiomes et de dialectes, qu'en « résulterait-il pour nos lecteurs, sinon que l'Imprimerie Impériale « possède depuis sa fondation et peut exhiber à la gloire de ses « directions passées la plus magnifique collection de caractères et de « types ? C'est un monument, voilà tout, on salue et l'on passe[1]. »

C'est pourtant déjà quelque chose que d'avoir élevé un monument, pourrions-nous répondre à cet écrivain ; tel n'est pas malheureusement le lot de tout le monde. ***On salue et l'on passe***, nous dit-on. Mais, d'abord, il n'en est point ainsi. Les indifférents, les ignorants peuvent passer, — ceux-là ne prennent même point la peine de saluer, et, d'ailleurs, peu importe ; — mais l'homme du métier, les connaisseurs sérieux s'arrêtent, examinent et souvent, après avoir bien et longtemps admiré, ils y reviennent une seconde, une troisième fois. Or, jamais en France, admiration véritable ne fut stérile, et, ne dût-il résulter de l'exhibition de ces types ***surannés***, qu'un essai même infructueux, qu'une innovation même informe, cette exhibition aurait été utile, le but proposé serait atteint.

Indépendamment de ces splendides échantillons, l'Imprimerie Impériale expose encore 100 magnifiques volumes sortis tous de ses

[1] L'*Illustration*, numéro du 14 juillet 1855.

ateliers. Toutes les conditions que pourrait exiger le typographe le plus sévère se trouvent là réunies : beauté de types, composition soignée dans tous ses détails, netteté du tirage, etc., etc... Mais trois ouvrages surtout forment la partie capitale de cette collection : ce sont : le *Livre des Rois*, par Abou'lkasim Firdousi, traduit par M. Mohl, le tome III du *Bhâgavata purâna* (histoire poétique de Krishna), traduction d'Eugène Burnouf, et, enfin, l'*Imitation de Jésus-Christ*. Grâce à l'obligeance de la personne chargée par l'Administration de faire les honneurs de l'exposition de l'Imprimerie Impériale, nous avons pu feuilleter ces divers ouvrages. Après avoir vu les deux premiers, « Il est impossible de faire mieux » nous étions-nous dit. On ne saurait imaginer, en effet, toutes les beautés typographiques qu'ils renferment : mille arabesques capricieuses, les couleurs les plus variées et les mieux combinées leur donnent une richesse toute orientale. Cependant, on a fait mieux. Quelque beaux que puissent être le *Livre des Rois* et le *Bhâgavata*, l'*Imitation de Jésus-Christ* l'emporte encore sur eux. Pour ce troisième spécimen des travaux de l'Imprimerie Impériale, il n'y a qu'à admirer. Dire pourquoi, détailler une à une toutes les perfections qu'on y rencontre, énumérer tous les soins apportés, parler des difficultés vaincues, à quoi bon : cela ne s'analyse pas ! Quatre cents ans plus tôt, un semblable livre eût payé la rançon de deux rois. Tout cela n'a point empêché M. Ch. Magne, l'écrivain que nous avons déjà cité, de s'écrier :

«..... Et, enfin, cette miraculeuse *Imitation de Jésus-Christ* de « qui on peut dire maintenant, au point de vue typographique, ce « qu'en disait Fontenelle, au point de vue moral : « Voilà le plus beau « livre sorti de la main des hommes. » Oui, le plus beau ; mais « pourquoi et à quel prix ? Quand on a poussé des cris d'admiration « devant ces encadrements changeant de dessin à chaque page, « devant ces dessins d'un fini si pur, d'un goût si parfait, d'un style « si historique ; quand l'imagination se rendant compte des tours de « force accomplis, des montagnes de difficultés vaincues, des « fantasmagories de procédés réalisées, s'est reculée effrayée et « s'est avouée confondue, que reste-t-il ? Un chef-d'œuvre, un modèle, « un monument. Non, cent fois non. Il n'y a de chefs-d'œuvre que les « œuvres de génie, il n'y a de modèles que ceux qu'on peut imiter,

« il n'y a rien de monumental dans les œuvres de patience. Qu'est-ce « qu'un livre tiré à cent exemplaires tout au plus, dont chacun coûte « plus de deux mille francs, et que, s'il faut en croire les connaisseurs, « l'industrie particulière eût exécuté à moitié prix, en beaucoup moins « de temps et avec quelques fautes de moins, — car il y a des « fautes..... »

Si nous avions été surpris en lisant le commencement de l'article de M. Magne, nous restâmes ici confondu. Quelle faconde admirative au début, mais aussi quel *éreintage* en terminant ! Tudieu, Monsieur, vous n'y allez point de main-morte, et l'Imprimerie Impériale n'a qu'à se bien tenir !... Personne, au reste, ne se laisse prendre à votre feinte admiration. Quel malheur seulement que les arguments que vous invoquez n'aient pas la moindre consistance !

Examinons-les un peu, cependant.

L'industrie particulière eût mieux fait et à meilleur compte. Mieux faire, nous semble difficile ; enfin, cela se peut ; mais qu'un semblable résultat s'obtienne à moitié prix par l'industrie particulière, ainsi que vous le dites, c'est ce que nous nions totalement, — demandez plutôt aux maîtres imprimeurs de Paris, vous verrez ce qu'ils vous diront là-dessus. L'Imprimerie Impériale, avec les immenses ressources dont elle dispose, pouvait seule entreprendre un semblable travail ; pour toute autre maison, c'était une cause de ruine. L'*Imitation* n'est point une œuvre de génie, dites-vous encore, accordez-nous du moins que c'est l'œuvre d'hommes de talent, et même d'un grand talent, car on ne peut appeler autrement les artistes, et aussi les ouvriers qui ont coopéré à ce travail. Ce n'est point non plus un modèle, ni un monument, qu'est-ce donc alors? Pourquoi n'avoir point trouvé le papier trop blanc, l'encre trop noire, les couleurs trop vives? la critique eût été aussi bien fondée. Mais, dites-vous en terminant, il y a des fautes. Et, d'abord, une seule question : ces fautes, les avez-vous vues ? Combien d'heures laborieuses avez-vous passées dans cette recherche? Supposons même qu'il y en ait : cela ne prouverait rien en faveur de vos arguments ; cela n'ôterait pas même un cheveu à la valeur ou au mérite de l'ouvrage. Il faut n'avoir pas la moindre notion en imprimerie, — et tel ne doit point être le cas de M. Ch. Magne, puisqu'il s'est chargé du compte rendu de cette industrie, — pour savoir qu'il est matériellement impossible d'arriver à cette perfection du texte typographique qu'il réclame. Le *sine mendâ* tant vanté est quelque chose d'analogue au nombre π des géomètres : on en approche aussi près que possible, mais sans jamais l'atteindre. Cela est tellement vrai qu'un ouvrage étant donné, fût-il le parangon de la typographie, nul doute qu'un typographe habile n'y trouve encore quelque chose à reprendre. Le journal l'*Illustration*, dans lequel se trouvent ces attaques contre l'Imprimerie Impériale, s'imprime chez M. Didot; pourquoi M. Ch. Magne n'a-t-il pas demandé l'avis de ces Messieurs à ce sujet ? ils lui auraient raconté, sans nul doute, l'histoire du *mentula* imprimé pour *mente illa* dans un ouvrage d'Erasme; celle plus moderne de ce vers de Racine, arrivant ainsi sous presse :

Vous allez à l'*hôtel*, et moi j'y cours, Madame.

au lieu de :

Vous allez à l'*autel*........

Et pourtant aucuns soins n'avaient été épargnés dans la lecture des épreuves, ni chez l'imprimeur Froben, ni chez MM. Didot.

Il y avait un motif sérieux et plausible d'attaquer l'Imprimerie Impériale : M. Ch. Magne n'a point voulu s'en servir. Il fallait demander que cet établissement renonçât à la concurrence qu'il fait aux autres imprimeries; il fallait, comme l'a fait M. Paul Dupont dans son *Histoire de l'Imprimerie*, demander que l'Imprimerie Impériale devînt une École spéciale de typographie. La discussion pouvait facilement et raisonnablement se placer sur ce terrain; déjà même, à plusieurs reprises, de semblables questions avaient été soulevées. M. Magne a préféré critiquer, et nous regrettons sincèrement de le dire, critiquer à faux. Nous qui sommes du métier, et beaucoup d'autres avec nous, nous n'avons trouvé qu'admiration pour les produits qu'a exposés l'Imprimerie Impériale, et quelque grave tort que puisse avoir son directeur d'être un homme politique, — du moins, M. Magne le prétend, — il n'en aura pas moins la gloire d'avoir fait exécuter, sous sa direction, l'*Imitation de Jésus-Christ*, et d'avoir ainsi doté la France d'un chef-d'œuvre de plus, — chef-d'œuvre soit dit, nonobstant *clameur de haro*.

En résumé, par la belle exécution de ses ouvrages, par la richesse de ses collections, l'Imprimerie Impériale de France l'emporte sur tous les autres établissements typographiques, et nous n'hésiterons pas un seul instant à lui décerner la première place. Son exposition nous semble préférable à celle de l'Imprimerie Impériale de Vienne, — la seule qui lui puisse être sérieusement comparée, — en ce qu'elle s'est bornée sagement à ne nous présenter que de la typographie proprement dite, et, comme on a pu le voir, le domaine était encore assez vaste pour fournir une large carrière. L'Imprimerie Impériale de France a montré, de la manière la plus éclatante, la situation véritable de l'industrie à notre époque. En même temps que par ses éditions ordinaires elle indiquait aux praticiens la règle à suivre du bien et du beau : par l'*Imitation*, par le *Livre des Rois* et le *Bhâgavata*, elle faisait briller aux yeux des gens du monde, ignorants du métier, toutes les merveilles innombrables dont dispose l'imprimerie. Son exposition était tout à la fois un enseignement et une glorification.

M. Plon ne se plaindra certainement pas de la place honorable que la Commission lui a donnée dans le transept, et qui fait confondre quelquefois son exposition avec celle de l'Imprimerie Impériale. Ajoutons, toutefois, que cette maison a exposé de fort beaux travaux qui justifient le titre d'*Imprimeur de l'Empereur* décerné à son chef. Nous avons retrouvé dans les vitrines de cet Exposant un choix de ses principales éditions illustrées, si remarquables sous le rapport de l'exécution typographique, et qui ont valu à M. Plon une renommée européenne. Dire les titres de ces ouvrages est ici chose superflue : ils sont en la possession de tout le monde. Nous avons revu aussi avec plaisir ce charmant *La Fontaine* miniature que nous avions déjà vu à l'Exposition Française de 1849. Le caractère de cet ouvrage est, comme on le sait, presque microscopique, quoique cependant fort lisible ; — c'est ce qu'en termes techniques on appelle du *trois*, — et il avait été fondu par MM. Laurent et de Berny, deux des plus habiles fondeurs de la Capitale. N'oublions pas non plus le *Livre d'heures*, le *Livre de mariage*, imprimés tous deux en plusieurs couleurs, avec texte encadré, vignettes, fleurons, etc., et édités par M. Plon. Citons encore un magnifique volume in-f°, les *Vierges de Raphaël*, édité par

M. Furne, et terminons en donnant tous nos éloges aux charmantes aquarelles typographiques qui ajoutent à cette imprimerie une gloire de plus.

Parmi les diverses expositions typographiques que nous avons examinées, nous en avons distingué de deux sortes bien différentes, selon nous, comme importance et comme valeur morale,—si toutefois ce mot peut s'appliquer ici. Certaines maisons, rompant subitement avec leurs habitudes constantes, se sont imposé de lourds sacrifices, afin d'avoir à présenter au Jury quelque ouvrage hors ligne ; d'autres, plus sincères, ou, plutôt, ayant mieux conscience de leurs propres forces, se sont bornées à prendre au hasard, dans leurs cartons, un certain nombre d'exemplaires de leurs travaux de tous les jours, et les ont tout simplement envoyés à l'Exposition. Si nous avions l'honneur de faire partie du Jury, ce serait surtout à ces dernières maisons que seraient dévolues toutes nos préférences ; car elles seules nous donnent assurément la juste mesure de la situation normale de l'imprimerie, tandis que les premières n'indiquent tout au plus que le parti qu'on en peut tirer exceptionnellement. La maison PAUL DUPONT, de ***Paris***, doit être, à notre avis, rangée dans cette deuxième catégorie. Nous avons trouvé dans ses vitrines les collections nombreuses d'ouvrages et de journaux administratifs qui forment, depuis tant d'années, sa principale spécialité. Nous y avons même vu tout un énorme volume composé uniquement d'*épreuves* d'actions et d'obligations industrielles. Ce Recueil, bien certainement, n'a point été fait en vue de l'Exposition, et pourtant, selon nous, c'est la pièce capitale, le spécimen le plus exact et, en même temps, le plus sincère des travaux journaliers de cette maison [1]. *Exposer des épreuves* est un fait unique dans son genre ! Mais, hâtons-nous de le dire, là ne se borne point l'Imprimerie

[1] Nous ne pouvons oublier de rendre ici hommage au savoir-faire typographique ainsi qu'au bon goût qui ont présidé à l'exécution de toutes ces actions.

M. MARÉCHAL, compositeur, chargé exclusivement dans l'imprimerie Paul Dupont de ce genre de travail, a du reste été récompensé déjà par une Mention honorable à l'Exposition française de 1849. Le volume d'*Essais pratiques* est aussi du même typographe. M. Maréchal a encore découvert un nouveau moyen d'obtenir des *Fonds de hasard* par l'emploi du bois dont les pores fournissent naturellement des dessins variés inimitables.

administrative : elle nous montre de beaux travaux typographiques et lithographiques. Signalons, entre autres, un splendide volume in-4° d'*Essais pratiques sur l'Imprimerie*, les *Trois Règnes de la nature*, publication illustrée de M. Curmer, un *Paroissien* en deux couleurs, avec texte encadré, du même éditeur ; l'*Histoire de l'Imprimerie*, par M. Paul Dupont, en 2 magnifiques volumes grand in-8°, aussi avec texte encadré, puis des spécimens de gravures sur bois, tirés en noir ou en couleur à la mécanique ; des reproductions de vieilles chartes, par la lithographie, exécutées pour les Archives de France ; et, enfin, le tome XIII du *Recueil des Historiens des Gaules*, par Dom Bousquet, volume des plus rares que la litho-typographie, invention de M. Auguste Dupont, a pu rendre à toutes les collections bibliographiques auxquelles il manquait presque généralement.

Il est encore un autre travail — application de l'imprimerie aux arts graphiques — exposé par M. Paul Dupont, au nom d'un de ses ouvriers, lequel n'a pas dû manquer d'attirer l'attention des visiteurs. Nous voulons parler du *Gutenberg*, d'après David d'Angers, reproduit en filets typographiques par M. Victor Moulinet, compositeur.

Cette œuvre gigantesque, véritable dédale inextricable, où l'œil de l'examinateur gagne le vertige est, tout à la fois, une merveille de patience, de goût et d'habileté. Dire toutes les difficultés inouïes et presque insurmontables qu'il a fallu surmonter pour arriver à un semblable résultat, n'en donnerait encore qu'une bien pauvre idée : ce sont là de ces choses qui ne s'expliquent qu'en voyant, et encore faut-il être typographe pour les bien apprécier. Espérons que l'auteur de ce beau travail en saura tirer quelque jour une application utile et générale à l'industrie.

Disons aussi que les Compagnies financières sont redevables à M. Moulinet d'un procédé de *contre-impression identique* des plus ingénieux, destiné à prévenir toute contrefaçon en matière d'actions ou valeurs industrielles. Les vitrines de M. Dupont nous montrent un remarquable spécimen de ce nouveau procédé.

Dans le même carré que l'Imprimerie Impériale, et lui faisant face, se trouvent les vitrines de trois maisons importantes : celles de MM. Didot, de M. Claye, de Paris, et celle de M. Mame et Cie, de

Tours. Nous ne surprendrons personne, en disant que les ouvrages exposés par MM. Didot sont dignes, en tous points, de l'antique et grande renommée attachée au nom de ces honorables imprimeurs, car il n'est point permis d'ignorer de combien de progrès véritables l'art typographique est redevable à cette famille justement célèbre. Bien que leur maison soit mise hors de concours[1], MM. Didot n'en ont pas moins envoyé à l'Exposition ce qu'ils avaient de mieux en ouvrages, et le nombre en est grand! C'est d'abord leur collection de classiques si célèbre à tant de titres divers, puis l'ouvrage de M. Champollion sur les ***Monuments de l'Égypte***, la ***Description de l'Asie Mineure***, l'***Expédition en Morée***, etc., etc... Citons encore un ravissant ***Horace*** latin, in-18, avec gravures, véritable bijou de bibliophile, et le ***Manuel du Compositeur***, par M. Théotiste Lefebvre, l'un des doctes de la typographie; ouvrage qui possède le double mérite de mettre en présence des préceptes de la théorie l'exemple constant de la pratique.

Nous avons encore remarqué, dans l'exposition de MM. Didot, le ***Tableau généalogique et héraldique de la famille Estienne***, fort bien traité comme agencement typographique et qui, indépendamment de sa valeur comme document historique, a en outre cela de particulier d'avoir été imprimé en 1851 par un descendant de ces imprimeurs illustres.

C'est une véritable exposition artistique que celle de M. Claye, par les splendides spécimens d'impression de gravures sur bois que l'on y rencontre. Chacun connaît ou a pu voir les livraisons de cette magnifique publication intitulée l'***Histoire des Peintres***; cet ouvrage est sorti des presses de M. Claye, et nous retrouvons dans la vitrine de cet Exposant les épreuves de ses plus belles gravures. On ne saurait vraiment trouver rien de plus beau comme impression : toutes les nuances, toutes les finesses de la gravure y sont admirablement reproduites, et cependant ce tirage est l'œuvre de mécaniques; disons aussi que ces mécaniques sont conduites par un maître, par M. Joseph Wintersingher, dont le talent et le mérite ont été déjà

[1] M. A. Firmin Didot faisant partie du Jury.

récompensés par une Médaille d'argent à notre dernière Exposition. Nous regrettons vivement de n'avoir point vu le nom de cet habile imprimeur inscrit à côté de ses travaux, ce n'eût été que stricte justice, et nous ne doutons nullement que ce ne soit qu'un oubli involontaire de la part de M. Claye.

Un autre ouvrage exposé par M. Claye, — *les Musées de Rome*, — est encore un chef-d'œuvre de tirage typographique. Peut-être même doit-il être préféré à l'*Histoire des Peintres*. Il y a dans certaines planches des effets vraiment surprenants qui font presque douter qu'on ait affaire à de la gravure sur bois.

Deux maisons seulement, de Paris toutes deux, peuvent être comparées à celle de M. Claye pour la beauté de leurs impressions xylographiques : celle de M. Bénard et celle de M. Best. M. Bénard a exposé tout un album de gravures tirées aussi de l'*Histoire des Peintres*, et qui ne le cèdent en rien à celles de M. Claye[1]. Quant à M. Best, son exposition se compose principalement de livraisons du *Magasin Pittoresque*. Le public a depuis longtemps reconnu le mérite transcendant de cet ouvrage sous tous les rapports, et les constantes réimpressions de ses collections témoignent assez de la popularité bien méritée dont il jouit.

Ce succès formidable du *Magasin Pittoresque* (50,000 de tirage) devrait, à notre avis, servir d'exemple aux éditeurs de nos jours si désireux du *bon marché*. Le problème nous semble tout résolu : *faire bien, toujours bien*, et s'assurer par là un nombre d'acheteurs tellement considérable que le prix de vente en puisse s'abaisser naturellement et sans léser personne.

L'imprimerie de M. Mame doit être une des plus connues de France par le nombre prodigieux de livres qu'elle expédie de tous côtés. Nous le devons dire, la quantité n'exclut point ici la qualité, — nous ne parlons qu'au point de vue typographiqne. La maison Mame est une de celles en si petit nombre où bien faire est une habitude constante, et cependant tous les ouvrages qu'elle édite se vendent à

[1] M. Walder est chargé de ces tirages chez M. Bénard.

un bon marché excessif. On n'ose réellement en croire ses yeux, quand on voit les prix marqués sur les volumes exposés : il y en a depuis 35 centimes jusqu'à 100 francs. Parmi ces ouvrages cotés à des prix fabuleux, nous avons remarqué, entre autres, une ***Imitation de J.-C.***, dorée sur tranche, reliure gaufrée, au prix modique de 65 centimes. Un ***Paroissien***, avec texte encadré, tirage à deux couleurs, ne coûte que 4 fr. 50 c. en feuilles chez M. Mame, et nous en avions vus, cotés à 10 et 12 francs, qui peut-être étaient moins bien exécutés. Il a fallu pour arriver à de semblables conditions sans nuire à la beauté du travail réunir dans un seul établissement, comme l'a fait M. Mame, toutes les industries indispensables à l'imprimerie et à la librairie. Leur usine, qui occupe 1200 ouvriers, est une des plus belles de France ; elle comporte l'emploi d'un nombre considérable de mécaniques. Et cependant, nous ne saurions trop le répéter, le travail est des plus remarquables, qu'il s'agisse de volumes chers ou à bon marché. M. Mame, tout en publiant des ouvrages à bas prix, a voulu prouver qu'il savait en faire aussi d'un prix élevé. Réunissant toutes les ressources de la typographie, de la gravure sur bois et sur acier, il a donné le jour à la ***Touraine***, un magnifique volume qui se vend 100 francs — encore un bon marché relatif — et que nous verrons bientôt briller dans toutes les bibliothèques d'amateurs.

D'autres imprimeurs, bien que leurs produits ne puissent être comparés à ceux des maisons de premier ordre que nous venons de citer, nous ont paru cependant devoir être mentionnés.

MM. BONAVENTURE et DUCESSOIS, de Paris, ont exposé plusieurs ouvrages assez remarquables, entre autres, l'***Architecture militaire du moyen âge***, avec gravures intercalées dans le texte, et quelques volumes de la ***Collection des pièces rares et inédites***. Un ***Paroissien*** espagnol avec cadre de couleur fait aussi partie de l'exposition de ces Messieurs.

M. MALLET-BACHELIER a envoyé plusieurs spécimens des ouvrages d'algèbre ou de science qui forment, comme on le sait, son unique spécialité. L'imprimerie de cet exposant est au reste, croyons-nous, la seule où l'on fasse convenablement ces sortes d'ouvrages. Des modifications importantes introduites dans le système si compliqué des caractères servant à composer les opérations algébriques rendent beaucoup plus commode la tâche du compositeur et tendent par suite à diminuer les erreurs si faciles à commettre et si difficiles à constater.

Dans la vitrine de M. LAHURE, nous retrouvons presque toute la *Bibliothèque des Chemins de fer*, éditée par M. Hachette. Le *Journal pour tous*, — parodie malheureuse du *Magasin Pittoresque* — s'y trouve aussi, nous ne savons trop pourquoi, ainsi que divers autres ouvrages, tels que dictionnaires, grammaires, etc., etc. Les travaux de cette maison sont généralement d'une exécution satisfaisante.

Mme BOUCHARD-HUZARD expose des ouvrages d'agriculture. Une *Ampélographie française*, grand in-folio avec planches coloriées, nous a paru fort bien traitée.

N'oublions pas non plus, dans notre revue de l'Imprimerie parisienne, M. Ernest MEYER, qui a trouvé le moyen d'exécuter en impressions typographiques les modèles de tapisserie avec toutes leurs couleurs. D'autres impressions, telles que blasons de villes, où l'or, l'argent et les couleurs se trouvent harmonieusement combinés, sont exécutées avec beaucoup de goût et de soin.

M. Ad. LECLÈRE, imprimeur de N. S. P. le Pape, doit être cité aussi pour ses remarquables ouvrages de liturgie, tels que missels, bréviaires, etc., imprimés en deux couleurs.

M. SILBERMANN, de Strasbourg, s'est fait depuis longtemps déjà une spécialité de l'impression en couleurs, qui lui est redevable d'innovations ingénieuses, et, nous le disons sincèrement, il y réussit à merveille ; nous n'en voulons d'autres preuves que les spécimens exposés. L'*Histoire de Strasbourg* illustrée, avec planches en couleurs représentant les vitraux de la cathédrale, l'*Histoire de la Céramique*, aussi avec planches en couleurs, la reproduction de la *Bannière de Strasbourg*, sont de fort beaux ouvrages d'une richesse étonnante comme travail soigné et difficultés vaincues. Cet imprimeur s'est encore créé une autre spécialité, celle de l'impression des petits soldats coloriés (pour les enfants) « qui sortent annuellement des « presses de M. Silbermann au nombre de 120,000 feuilles et qui « envahissent la France, l'Allemagne et l'Angleterre, *au grand « déplaisir des amis de la paix*, qui les ont particulièrement signalés « dans les journaux pendant l'Exposition, comme un puissant obstacle « à l'accomplissement de leurs vœux [1]. »

Mme veuve Berger-Levrault, aussi de Strasbourg, a envoyé ses collections de modèles administratifs, ainsi que quelques ouvrages d'administration d'une très-bonne exécution typographique.

Deux imprimeurs de Lyon, M. Vingtrinier et M. Perrin, ont exposé plusieurs volumes dignes d'intérêt : le premier, la *Monographie de la table de* Claude, ouvrage archéologique édité par M. Didron, ainsi qu'un autre volume intitulé *Delle Artiglierie*, et le second, un recueil des *Inscriptions antiques de Lyon*. Ces deux ouvrages spéciaux ont exigé une fonte particulière de caractères *augustaux* qui nous ont paru fort bien gravés, quoiqu'au premier abord ils semblent disgracieux à l'œil, qui n'y est plus habitué.

Enfin, M. Repos, imprimeur de l'évêché à Digne, a exposé un *Vespéral* ou un *Graduel* — nous ne nous souvenons plus lequel des deux, — exécuté dans de fort bonnes conditions, sans toutefois viser au luxe des travaux du même genre qu'exécute M. Leclère.

Nous aurions voulu parler ici de quelques autres imprimeurs de province dont les travaux nous ont semblé mériter un certain intérêt, parmi eux, M. Trenel, de Saint-Nicolas-de-Port (Meurthe), et MM. Cosnier et Lachère, de Nancy. Ces Messieurs ont exposé : le premier, une *Histoire des Ducs de Lorraine*, avec blasons intercalés dans le texte, ainsi qu'un ouvrage scientifique in-4° à 2 colonnes

[1] L'*Imprimerie*, la *Librairie* et la *Papeterie à l'Exposition de Londres en* 1851, par M. A. Firmin Didot.

et avec figures, l'*Ingénieur;* le second, les *Œuvres du Roi René.* Malheureusement il ne nous a été permis de juger du mérite de ces ouvrages que sur une seule page, les volumes étant sous clef.

Nous en dirons autant de MM. Barbou, de MM. Martial Ardant, de Limoges, et de M. Forestié, de Montauban. L'exposition de ces trois imprimeurs consiste surtout en livres de piété, missels ou paroissiens.

Nous adresserons à ce sujet un grand reproche à la plupart des exposants français en imprimerie et en librairie. Presque tous ont eu l'heureuse idée de rendre leurs ouvrages inabordables en les renfermant dans des vitrines : quelques-uns à la vérité étaient ouverts, mais combien sont restés fermés dont on n'a jamais vu que la reliure. Ces exposants auraient pu, ce nous semble, se montrer un peu moins parcimonieux, et faire le sacrifice de quelques exemplaires afin de faciliter l'examen des visiteurs sérieux. Ce sacrifice en somme était tout à leur avantage. L'obligeance de quelques gardiens nous a permis d'examiner certaines vitrines, mais parfois il nous est arrivé de nous heurter contre l'éternelle *défense de toucher aux objets exposés.* Force nous était alors d'avoir recours aux bibliothèques, soit particulières, soit publiques, pour juger du mérite des ouvrages. En librairie surtout il fallait laisser voir, et nos éditeurs français ont commis une grande faute en ne suivant pas l'exemple des éditeurs anglais ou allemands qui permettaient l'ouverture des vitrines ou avaient eu le soin de préparer un certain nombre d'exemplaires tout coupés, à seule fin qu'on les pût feuilleter.

Avant d'en terminer avec l'imprimerie française, nous devons mentionner les tirages d'ouvrages illustrés exposés par M. Aristide Derniame. Quelque chose nous a étonné cependant : cet exposant revendique comme sienne l'invention (en 1836) du *découpage* pour le tirage des vignettes, et voici ce que nous lisons dans le compte rendu de M. A.-Firmin Didot, que nous avons déjà cité :

« Au commencement de ce siècle, M. Charles Wittingham fit paraître « ces charmantes éditions, éditées par M. Peckering, qui ont rendu

« célèbre la *Chiswick press*. Personne, jusqu'alors, n'avait imprimé « aussi parfaitement les gravures sur bois, en appliquant avec art « les *hausses* et les *découpages* pour obtenir les gradations dans les « teintes. Ce succès encouragea les graveurs à donner aux tailles sur « le bois une finesse inconnue au temps où Albert Durer était forcé « d'employer de larges tailles nécessitées par la rugosité des papiers « et l'imperfection des presses, qui rendaient alors impossible « l'impression des tailles fines. »

M. Aristide ne serait-il donc que l'importateur de l'invention du découpage ?

Un album tout récemment placé à l'Exposition mérite encore d'être signalé : nous voulons parler de l'album de gravures en filets typographiques exposé par M. Monpied aîné, prote d'imprimerie. Cet exposant a le premier ouvert la voie aux essais de ce genre, et, bien que ses travaux se soient vus rejetés au second plan par le Gutenberg de M. Moulinet, ils n'en sont pas moins vraiment dignes d'intérêt. Nous avons surtout remarqué le médaillon servant de frontispice à l'album.

Enfin, un imprimeur d'Alger, M. Bastide, a voulu prouver que notre jeune colonie d'Afrique marchait à pas de géant vers la civilisation et savait aussi enfanter des merveilles. Des ouvrages arabes et français fort remarquables se trouvent dans la vitrine de cet exposant. Quelques-uns sont ornés dans le goût oriental d'arabesques imprimées en or et en couleur avec beaucoup de soins. Nous avons aussi remarqué un manuscrit arabe dont la beauté, la netteté et la régularité parfaite de l'écriture en font presque un chef-d'œuvre du genre.

LIBRAIRIE.

En tête des éditeurs de Paris se place tout naturellement M. Furne, dont la réputation est établie depuis longtemps. Parmi les ouvrages exposés par cet éditeur, citons un *Paradis Perdu*, in-folio orné de

25 belles gravures sur acier ; *La Bible*, *les Vierges de Raphaël*, autre in-folio fort remarquable et divers autres ouvrages qui, pour avoir un mérite moins éclatant que ceux que nous venons de citer, n'en sont pas moins d'excellentes publications, ce qu'on peut appeler de la bonne librairie, telles que l'*Histoire de France*, d'Aimé Martin, le *Walter Scott*, etc.... Non content de cela, M. Furne, dans une autre partie du Palais, offre encore à l'admiration des visiteurs un immense cadre tout rempli des plus magnifiques gravures sur acier qui illustrent ses belles éditions et leur donnent un charme de plus.

M. Renouard expose son *Histoire des Peintres*. Nous avons déjà parlé de cette importante publication à propos de MM. Claye et Bénard. Une série de gravures sur bois, exposée par M. Renouard, permet aux visiteurs de constater les progrès de ce genre de gravure depuis le moment de sa naissance, alors qu'elle n'osait dépasser les limites du fleuron ou de la simple vignette, jusqu'à nos jours, où elle rivalise avec les plus belles gravures sur acier. Quelques ouvrages utiles, entre autres, *la Clef de la Science*, du Dr Brown, que nous voudrions voir entre les mains de tous, et quelques clichés de bois gravés obtenus par la galvanoplastie complètent l'exposition de cet éditeur.

L'*Empereur et la Garde Impériale*, par Charlet, les *Vierges de Raphaël* (édités en compagnie avec M. Furne), la splendide édition des *Chansons de Béranger*, avec gravures sur acier, *Raphaël* par M. de Lamartine, et d'autres beaux ouvrages dont il est inutile de dire les noms,—on les trouve dans toute bibliothèque qui se respecte, —composent le lot glorieux de M. Perrotin, l'heureux éditeur de notre poëte national.

M. Roret a envoyé la collection de *Manuels* industriels à laquelle il a donné son nom. L'appréciation de cette collection n'est point de notre ressort : la typographie, sans y être trop maltraitée, n'y brille pas toujours de tout son éclat. Nous dirons seulement que c'est pour M. Roret un véritable titre de gloire d'avoir mené à bonne fin une entreprise aussi utile et aussi grande que la publication de cette véritable encyclopédie du travail. Citons encore du même exposant un fort beau *Traité des Arbres et Arbustes*, grand in-4°, avec planches.

M. V. Masson nous montre ses plus belles publications scientifiques. En général, tous les ouvrages qui portent le nom de ce libraire sont des plus remarquables par les soins apportés à l'exécution typographique et à la gravure des bois qu'ils renferment tous pour la plupart. Nous avons remarqué surtout le volume intitulé : ***Recherches expérimentales sur la végétation***; citer d'autres titres serait prendre une peine superflue : en général, il n'y a rien qu'à louer chez cet exposant ; tous les ouvrages exposés sont également dignes d'éloges ; presque tous — cela dit tout — sortent des presses de M. Claye et de M. Lahure.

MM. Langlois et Leclerq ont exposé divers ouvrages d'histoire naturelle et de botanique, entre autres, une très-belle ***Pomologie française***, avec planches coloriées.

M. Curmer est toujours l'éditeur amateur que vous connaissez. Ses ***Trois Règnes de la Nature***, son ***Paroissien***, imprimés par M. Paul Dupont, et en général tous les volumes qu'il expose justifient la réputation qui lui a été faite à si juste titre. Disons en passant, cependant, que nous n'aimons guère ses reliures massives participant bien plutôt de la bijouterie, et qui empêchent d'apprécier comme il convient le travail soigné du relieur.

Signalons aussi les forts beaux ouvrages d'architecture exposés par M. Bance et par M. C. Daly, le Directeur de la ***Revue de l'Architecture et des Travaux publics***.

La collection Charpentier, si élégante, si commode et en même temps si peu coûteuse, ne doit pas être oubliée non plus.

M. Delalain, l'imprimeur de l'Université, a envoyé au Palais de l'Industrie les collections de classiques, à l'usage des colléges, dont il est éditeur. Il nous a semblé que ces ouvrages brillaient peu sous le rapport de l'exécution typographique. Il est vrai de dire aussi que les écoliers n'y feraient aucune attention et n'en auraient pas plus d'égards pour leurs grammaires ou rudiments : plus de luxe serait véritablement peine perdue. Du reste, un volume, imprimé vert et or sur papier porcelaine, témoigne que M. Delalain peut aussi produire des ouvrages de luxe quand il le veut.

Enfin, pour terminer, M. Bourdin, l'éditeur du ***Voyage dans la Russie méridionale***, par M. de Démidoff, nous montre ses charmantes éditions de ***Manon Lescaut***, du ***Voyage sentimental de Sterne***, illustrées par Tony Johannot, et quelques autres ouvrages dignes d'intérêt. Nous n'approuvons point cependant l'idée qu'a eue cet éditeur d'imprimer tout un volume sur satin blanc ; cela peut être fort riche, mais nous préférons de beaucoup le mode ordinaire à de semblables raffinements qui n'ont d'abord rien de bien merveilleux et ne seront jamais admis d'ailleurs dans les usages journaliers de la librairie.

Peut-être sera-t-on surpris du petit nombre d'imprimeurs et de libraires véritablement dignes d'être mentionnés pour le bon goût ou la beauté de leurs productions. La cause en est facile à trouver. La librairie, et l'imprimerie par contre-coup, subissent depuis quelques années l'influence d'une crise dont le dénoûment ne peut qu'être fatal à ces deux industries. Certains éditeurs imprévoyants, escomptant l'avenir au bénéfice du présent, se sont jetés à corps perdu dans les publications à bon marché, et, comme surtout en librairie ainsi qu'en imprimerie le beau est toujours cher, ils n'ont pu naturellement atteindre ce bon marché qu'en sacrifiant toutes les conditions qui caractérisent une bonne production. C'est ainsi que nous avons vu surgir de tous côtés ces innombrables livraisons à 20 centimes, soi-disant illustrées, véritables monstres typographiques aux yeux de l'amateur éclairé, et qui ne brillent à notre avis que par l'absence absolue de toutes qualités. Nous n'attaquerions certainement pas ces malheureuses publications, malgré la perturbation qu'elles ont jetée dans la manière d'agir de la librairie, si vraiment elles avaient eu le moindre motif d'existence, si, par exemple, elles avaient eu pour but réel l'amélioration morale des masses ou même simplement le perfectionnement du bon goût public par l'immense diffusion de nos chefs-d'œuvre littéraires. Mais tel n'a point été le but de ces éditions. Ce nouveau mode de publication n'a été rien autre chose, avant tout, qu'une spéculation, et, sans être le moins du monde collet-monté, on ne nous fera jamais comprendre l'utilité d'une édition populaire des œuvres de Crébillon fils, de Pigault-Lebrun ou de Paul de Kock.

Ces publications pervertissant le sentiment public, la foule des consommateurs a cessé peu à peu de s'adresser aux rares éditeurs qui n'ont point voulu sacrifier au mauvais goût du jour, et ceux-ci, n'ayant plus d'acheteurs en assez grand nombre, ont dû nécessairement restreindre le nombre de leurs éditions tant regrettées des bibliophiles. Ces rares éditeurs demeurés fidèles au culte du beau, on l'a déjà deviné, nous les avons retrouvés au Palais de l'Industrie : ce sont les Furne, les Perrotin, et tous ceux que nous avons cités. Ceux-là seuls pouvaient présenter hardiment leurs ouvrages à l'examen du public : à ceux-là seuls nous reconnaissons le droit de s'appeler, de s'enorgueillir du titre de libraires, les autres ne sont à nos yeux que des marchands de papier noirci.

Les spécimens typographiques exposés au Palais de l'Industrie ont donné la juste mesure de ce que l'on devait attendre de l'Imprimerie française. Espérons que le public désabusé permettra bientôt à la Librairie de mettre à profit ces admirables ressources pour la création de nouveaux chefs-d'œuvre.

ANGLETERRE

L'Exposition anglaise ne nous a nullement paru en rapport avec l'immense production typographique du Royaume-Uni. Déjà, du reste, en 1851, les maîtres imprimeurs de ce pays s'étaient abstenus de paraître au palais de cristal. Une semblable indifférence est des plus regrettables, car l'Angleterre est une des contrées où l'on imprime le plus, et où, en même temps, la production est généralement bonne. Les éditeurs, pas plus que les imprimeurs, ne manquaient de travaux dignes de figurer à l'Exposition Universelle : on ne peut véritablement accuser qu'une négligence impardonnable.

M. Clowes, l'un des premiers imprimeurs de Londres, sinon le premier, s'est contenté tout simplement de nous montrer un exemplaire de l'édition in-4° du *Catalogue officiel descriptif et illustré de l'Exposition Universelle de* 1851. C'est là certainement un fort beau travail : l'exécution typographique, le tirage des nombreuses vignettes qui s'y trouvent, tout y est digne d'éloges, mais ce n'est point suffisant, selon nous, pour représenter le travail d'un établissement aussi important que celui que dirige M. Clowes.

Un autre imprimeur de Londres, M. Toovey, a exposé un *Breviarum Aberdonense*, en deux couleurs, rouge et noir. Le tirage de ce bréviaire présentait quelques difficultés pour les repères des parties de texte et des mots intercalés qui devaient être imprimés en couleur différente. Ces difficultés ont été heureusement surmontées.

M. Figgins, fondeur en caractères, nous montre un ouvrage fort intéressant : la reproduction du premier ouvrage sorti des presses de Caxton, le premier imprimeur de l'Angleterre [1]. Les caractères ont été gravés aussi exactement semblables que possible aux anciens types ; les bois qui se trouvent intercalés dans le texte ont été scrupuleusement copiés, la nuance même et la contexture du papier, tout enfin a été si minutieusement imité que l'on se figure avoir sous les yeux un volume quatre fois centenaire. Il nous eût semblé curieux et intéressant de voir l'original à côté du fac-simile : les amateurs eussent été mis ainsi à même de se rendre compte de la valeur de l'imitation.

[1] Les historiens ne sont point d'accord sur le premier livre imprimé par Caxton. Les uns — M. Didot partage cette opinion — prétendent que ce fut *The game of the Chesse* qui parut en 1474. Les autres soutiennent au contraire que ce fut l'ouvrage intitulé *Les dits et sentences des philosophes*, publié en 1477. Le savant bibliographe Dibdin, qui s'est livré à de grandes recherches sur les travaux de Caxton, croit de son côté que ce fut le livre de *Jason*. Quoi qu'il en soit, c'est l'ouvrage *The game of the Chesse* que M. Figgins a choisi.

Un imprimeur d'Hertford, M. Austin, qui s'est fait une spécialité de la publication des ouvrages en langues orientales, nous a montré, en ce genre, de véritables merveilles. Rien de plus riche, de plus beau que la plupart de ces ouvrages imprimés avec un luxe inouï de dorure, de couleurs et d'illustrations. Nous avons surtout remarqué le volume intitulé : ***Sakoontala*** or ***The lost ring***. C'est là, sans contredit, le chef-d'œuvre de l'Exposition anglaise.

Les Colonies anglaises ont aussi fourni leur contingent à l'Exposition Universelle. L'éloignement considérable de la métropole où se trouvent la plupart d'entre elles ajoute un certain intérêt aux travaux qu'elles ont envoyés. Presque tous sont remarquables comme exécution et comme bon goût typographiques. Certains d'entre eux feraient même honneur à des ateliers européens : nous en connaissons, pour notre part, un ou deux à Paris qui pourraient les prendre pour exemples, car ils n'ont jamais atteint semblable degré de perfection. Nous avons surtout remarqué la collection du journal l'***Argus***, imprimé à Melbourne (Australie) ; ***the Victoria Exhibition almanach***, imprimé à Victoria (Australie). M. Sturke, imprimeur à Montréal (Canada), a aussi envoyé d'élégants spécimens d'impressions chromo-typographiques : la beauté des caractères, la bonne disposition des titres, l'harmonie des couleurs, leur donnent un cachet tout particulier. Nous en dirons autant des épreuves du même genre, envoyées par M. Rose, autre imprimeur du Canada. Disons encore, avant de terminer, que l'île Maurice a exposé de magnifiques planches coloriées de fleurs et de fruits appartenant à la flore de cette île.

Un seul libraire nous a paru mériter l'attention des visiteurs par la valeur réelle des ouvrages qu'il a exposés. Nous voulons parler de M. Bohn. Une ***Flore grecque***, in-folio, illustrée de magnifiques gravures ; un autre ouvrage in-folio, ***les Antiquités mexicaines***, avec une infinité de planches coloriées sont autant d'ouvrages remarquables. N'oublions pas non plus la collection nombreuse à laquelle M. Bohn a donné son nom. Tous les ouvrages composant l'exposition de cet éditeur ont, au reste, été achetés par M. Techener, preuve certaine de leur valeur.

BELGIQUE

Rien de plus insignifiant que l'Exposition belge. Il semblerait vraiment que le traité relatif à la propriété littéraire eût totalement anéanti l'imprimerie dans ce pays. A l'exception de trois ou quatre ouvrages, nous n'avons rien vu qui vaille véritablement la peine d'être signalé.

Citons, cependant, les livres de liturgie édités par M. Dessain, de Malines. Ces ouvrages sont fort remarquables d'exécution, et peuvent rivaliser avec ceux de M. Adrien Leclerc, de Paris.

M. Jamar, de Bruxelles, a exposé plusieurs ouvrages illustrés ; entre autres, une *Histoire de Belgique* avec gravures noires et coloriées, et les *Splendeurs de l'art en Belgique*. Ces ouvrages ne sortent nullement des règles de nos publications françaises du même genre ; et ne peuvent même être comparés à certaines que nous pourrions citer.

Une *Vie des Saints*, grand in-folio, exposée par M. Greuze, de Schaerbeék, complète la liste des principaux produits de la typographie belge.

ROYAUME DES PAYS-BAS

Ce pays était autrefois un de ceux, en Europe, où l'on imprimait le plus grand nombre de livres. Cette production considérable trouvait surtout son aliment dans les contrefaçons des ouvrages de tous les pays, dans la publication des libelles contre les gouvernements et aussi, — triste emploi d'un art sublime, — dans celle des livres obscènes. Chacun sait qu'au siècle dernier tout livre prohibé, — fût-il même imprimé à Londres, à Paris ou dans toute autre ville, — portait l'indication de La Haye, ou bien encore celle d'Amsterdam comme lieu de production.

De nos jours, la production des Pays-Bas a beaucoup perdu de son importance. Les traités littéraires d'une part ont mis fin au trafic des contrefacteurs; d'un autre côté, la presse étant plus libre, on ne voit plus surgir que de loin en loin ces libelles politiques, autrefois si nombreux et si recherchés à la cour comme à la ville. Le temps en est passé. Le nombre des livres imprimés annuellement en Hollande est encore assez considérable, cependant, et la plupart des ouvrages exposés nous ont paru appartenir à la bonne typographie.

La Société, fondée à Amsterdam pour les intérêts de la librairie néerlandaise, a envoyé à l'Exposition Universelle un choix d'ouvrages en tous genres, publiés par les divers éditeurs des Pays-Bas, depuis un certain nombre d'années. Nous avons remarqué, parmi ces ouvrages, plusieurs volumes en caractères orientaux, destinés, sans doute, aux Colonies néerlandaises.

M. Albani, imprimeur à La Haye, a exposé cinq ou six volumes in-4° des *Tableaux statistiques du royaume*. Le travail, assez difficultueux de ces tableaux, est fort convenable; l'impression nous a paru soignée en tous points.

ALLEMAGNE

EMPIRE D'AUTRICHE.

Le seul établissement typographique que l'on puisse sérieusement mettre en parallèle avec l'Imprimerie Impériale de France est, sans contredit, l'Imprimerie Impériale d'Autriche. C'est à elle qu'appartient de droit la seconde place à l'Exposition Universelle. Chose étrange, cependant! Il y a quelques années à peine, l'existence de cette imprimerie était, pour ainsi dire, ignorée; jamais on n'en avait entendu parler. Ce ne fut qu'en 1851, à l'Exposition de Londres, que soudain se révéla majestueusement cette puissance nouvelle: et l'Imprimerie

Impériale de France, qui jusqu'alors avait régné sans partage, dut reconnaître une rivale dans cet établissement né d'hier.

Bien que fondée en 1804 par l'Empereur d'Autriche, François Ier, l'Imprimerie de Vienne ne date véritablement que de l'année 1841, époque à laquelle M. Auer en fut nommé directeur. Jusqu'alors, en effet, elle n'avait eu qu'une existence à peu près insignifiante. Un moment, à son origine, elle avait semblé vouloir sortir de son obscurité, sous la direction de Degen, son fondateur; mais, celui-ci étant mort, une administration inintelligente avait bientôt amené une longue et funeste période de décadence. En 1840, l'Imprimerie de Vienne n'existait plus, pour ainsi dire, que de nom. Tout était à recommencer : c'était un nouvel édifice à reconstruire de fond en comble. Le 22 mars 1841, M. Auer fut chargé de cette réorganisation. Est-il besoin de dire toute l'énergie et toute l'activité que le nouveau directeur dut déployer, et quelles ressources il lui fallut trouver en lui-même pour amener l'Imprimerie de Vienne à la période florissante où nous la voyons arrivée aujourd'hui. De semblables établissements ne s'improvisent point, et, pourtant, il a suffi de dix ans à M. Auer pour faire de celui qu'il dirige le second atelier typographique de tout le monde entier.

L'art typographique a, depuis quelques années, franchi les limites qui lui avaient été assignées. La science lui venant en aide, mille applications ingénieuses, mille découvertes nouvelles ont agrandi son empire. M. L. Auer, tout en ne négligeant pas la typographie proprement dite, a guidé l'Imprimerie de Vienne dans les voies nouvelles, et d'éclatants triomphes ont couronné ses efforts incessants. Chimitypie, chromo-lithographie, hyalographie, tous les arts graphiques en un mot, y sont heureusement et merveilleusement interprétés. De nombreuses et magnifiques épreuves sont là, à l'Exposition Universelle, pour attester le succès de ces travaux divers. Mais il est une découverte de cet habile directeur que nous mettons au-dessus de tout, par l'utilité immense qu'elle est appelée à avoir, dans un jour prochain, et par l'appui miraculeux qu'elle viendra prêter à la science au bénéfice des déshérités de la fortune, avides de savoir : nous voulons parler de la découverte des *Impressions naturelles.*

Au moyen d'un procédé aussi simple qu'ingénieux, M. L. Auer a forcé la nature à fournir elle-même un moyen de se reproduire en autant de copies qu'il est besoin, sans le secours d'aucun dessinateur, graveur, etc., etc. L'objet à reproduire, une plaque de plomb, une plaque d'acier, une espèce de presse à glacer le papier suffisent pour obtenir un semblable résultat. Nous ne pouvons mieux faire, au reste, que laisser la parole à l'auteur lui-même pour expliquer son procédé.

« L'objet à reproduire, soit une plante, une fleur, un insecte, un « tissu, soit enfin un objet inanimé quelconque, après avoir été placé « entre deux plaques, l'une d'acier [1], l'autre de plomb, est soumis « à une forte pression, au moyen de deux rouleaux entre lesquels on « les fait passer.

« Par cette pression, l'empreinte de l'objet à reproduire se trouve « reportée dans tout son ensemble et ses plus petits détails sur la « plaque de plomb.

« Si, maintenant, on applique à cette plaque les procédés employés « par la taille-douce pour l'impression en couleurs, on obtiendra « une copie parfaitement exacte de l'objet que l'on voulait reproduire.

« Si l'on a besoin d'un grand nombre d'exemplaires que la plaque « de plomb ne pourrait fournir à cause de son peu de dureté, la « stéréotypie, si l'on doit imprimer par la presse typographique, ou « la galvanoplastie, si l'on emploie la taille-douce, donnent le moyen « d'obtenir de nouvelles planches susceptibles d'un tirage considérable.

« Dans le cas où l'on ne posséderait qu'un exemplaire unique « qu'on ne voulût point soumettre à une pression capable parfois de « l'endommager, il suffit de le recouvrir de gutta-percha; après quoi, « le moule ainsi obtenu étant recouvert d'une dissolution d'argent peut « servir de matrice pour la reproduction galvanoplastique [2]. »

Il devient facile de comprendre maintenant l'utilité de cette découverte, ainsi que l'économie incontestable qu'elle apportera dans la publication de certains ouvrages spéciaux. L'Imprimerie de Vienne

[1] Bien que le texte porte *copper-plate*, plaque de cuivre, nous avons traduit par plaque d'acier, ce métal étant maintenant substitué au cuivre.

[2] *The discovery of the natural printing process*, by L. Auer.

a déjà commencé l'impression d'une *flore autrichienne*, in-folio, dont les planches sont l'application de ce procédé. 1,200 planches déjà sont imprimées; une grande partie d'entre elles se trouvent à l'Exposition, et l'on peut s'assurer de leur perfection et de leur exactitude. Les parties les plus délicates des feuilles ou des fleurs sont reproduites avec une fidélité désespérante que n'ont jamais pu atteindre graveurs ou dessinateurs, et, d'après la brochure dont nous venons de traduire un passage, chacune de ces planches ne coûtera pas plus de 30 à 50 centimes. — Économie immense, puisque, par les procédés ordinaires, elles vaudraient au moins quatre à cinq fois ce prix.

D'autres travaux en ce genre font encore partie de l'exposition de l'Imprimerie de Vienne; nous avons vu des dessins de broderies, imprimés à la presse typographique, des reproductions de poissons fossiles, d'agates gravées à l'acide fluoridrique, et, enfin, — ce qui prouverait que ce procédé peut recevoir une application plus générale encore, — des images de petits animaux tels qu'insectes, chauves-souris, etc., etc.

Il serait à désirer, selon nous, que l'Imprimerie Impériale de France, mettant à profit cette grande découverte, entreprît quelqu'un de ces immenses travaux interdits à l'industrie particulière, et qui sont cependant d'une utilité générale pour le pays. Par ses rapports infinis et constants avec l'économie domestique, par ses applications à l'industrie, à l'alimentation ou à la médecine, la botanique est une des sciences les plus utiles à l'homme, et l'une de celles qu'il lui importe le plus de connaître. Il nous semble qu'une *flore française*, par exemple, serait un de ces livres que l'on ne saurait voir trop répandus dans toutes les classes de la société. Le prix élevé de ces sortes d'ouvrages a limité jusqu'à présent le nombre des acheteurs : l'*impression naturelle* fournirait un moyen de les populariser.

La chromo-lithographie, la chromo-typographie sont représentées dans l'exposition de l'Imprimerie de Vienne par de magnifiques spécimens. Quelques-uns des tableaux exposés font presque pâlir les originaux placés à côté d'eux.

Un autre procédé, destiné à obtenir d'une planche en taille-douce des clichés susceptibles d'être imprimés à la presse typographique, la *chimitypie*, a fourni encore à l'Imprimerie de Vienne l'occasion de très-beaux travaux.

Bien que ce procédé date déjà de quelques années, il est encore inconnu de bien des typographes; nous croyons faire plaisir à nos lecteurs en leur en donnant l'explication extraite des Rapports du Jury à l'Exposition de Londres, en 1851 :

« On recouvre une planche de zinc d'une couche de vernis à la « cire qu'emploient les graveurs, et, après avoir fait mordre à « l'eau-forte le dessin exécuté au burin à travers le vernis, on ôte ce « vernis, et l'on prend soin que tout l'acide soit parfaitement enlevé : « à cet effet, on lave le creux de la gravure avec de l'huile d'olive, « puis avec de l'eau ; on essuie ensuite, afin qu'il ne reste absolument « aucune trace de l'acide ; alors on fait chauffer, à l'aide d'une « lampe à l'esprit-de-vin, le dessous de la planche sur laquelle on a « déposé du métal fusible râpé ; dès que ce métal fondu a rempli « toute la gravure et qu'il est refroidi, on le rabote jusqu'au niveau « de la planche de zinc, de manière qu'il ne reste de ce métal fusible « que ce qui est entré dans le creux de la gravure. La planche de « zinc ainsi alliée au métal fusible est alors soumise à l'action d'une « solution d'acide muriatique faible ; et, comme de ces deux métaux « l'un est négatif et l'autre positif, il résulte que le zinc seul est « mangé par l'acide, et que le métal fusible entré dans les creux de « la gravure reste en relief, et peut être imprimé ensuite par la « presse typographique. »

D'autres épreuves fort remarquables sont encore exposées par l'Imprimerie de Vienne ; toutes sont le résultat d'applications habiles de la science à l'Imprimerie. Quelques-unes de ces applications, telles que la hyalographie, la galvanographie, n'étant point d'un rapport immédiat avec la typographie proprement dite, nous croyons ne devoir que les mentionner ici.

Toutes ces recherches n'empêchent nullement l'Imprimerie de Vienne de s'occuper sérieusement de typographie. Un certain nombre d'ouvrages sont là pour attester les soins intelligents apportés dans l'exécution de cette partie du travail. Mais c'est surtout dans les langues orientales que brille cet établissement. De même que l'Imprimerie Impériale de France, il possède de magnifiques et nombreuses collections de presque tous les types connus.

Parmi les ouvrages exposés, nous avons surtout remarqué le *Cantique suprême de l'amour*; un roman japonais, composé en caractères systématiques, plusieurs ouvrages en arabe, en persan, et, enfin, le *Recueil des documents pour l'histoire du couvent de Saint-Benoist, à Kreussmunster*, ouvrage fort curieux par la richesse des lettres ornées et des impressions en couleurs qu'il renferme.

Le temps n'est plus où Venise tirait vanité des Alde et des Paul Manuce. Aucun des imprimeurs de cette ville ne nous a paru destiné à faire revivre la gloire de ces grands hommes. Les ouvrages de MM. Antonelli et Cecchini sont d'une exécution fort ordinaire.

Une autre imprimerie de Venise, celle des Pères Mékitaristes arméniens, spécialement consacrée à l'impression de livres en langues orientales, a exposé des prières en vingt-quatre langues, ainsi qu'une grammaire en huit langues. Nous n'avons pu juger du mérite de ces travaux, n'ayant pu obtenir de les examiner (les couvertures seules étaient visibles).

ROYAUME DE SAXE.

L'une des villes d'Allemagne où l'on imprime le plus est, sans contredit, Leipsick. Chaque année, s'y tient une foire importante spécialement consacrée au commerce de la Librairie. MM. Brockaus et Teubner représentent leur ville à l'Exposition Universelle. Sans être d'une valeur typographique hors ligne, les ouvrages exposés par ces deux imprimeurs nous ont paru dans de bonnes conditions de travail.

Signalons aussi les divers spécimens exposés par MM. Giesecke et Devrient, pour la bonne exécution de leurs impressions à l'usage du commerce.

DUCHÉ DE BRUNSWICK.

M. VIEWEG, de Brunswick, a envoyé toute une collection de traités scientifiques, avec figures intercalées dans le texte. L'exécution typographique de ces ouvrages en est généralement satisfaisante, mais le tirage est moins bien, surtout en ce qui concerne les figures. Nous leur préférons de beaucoup les traités du même genre, édités par M. Victor Masson, de Paris, et qui sortent des presses de MM. Claye et Lahure.

Les ouvrages de M. WESTERMANN méritent d'être mentionnés. Quelques-uns d'entre eux, tirés à la mécanique et sur clichés, témoignent de beaucoup de soins.

PRUSSE.

L'exposition prussienne se compose principalement d'ouvrages d'architecture, avec planches lithographiées, gravées ou exécutées en chromo-lithographie. La plupart de ces ouvrages sont fort remarquables par la beauté du texte et celle encore plus grande des planches qui l'accompagnent.

VILLE LIBRE DE FRANCFORT-SUR-LE-MEIN.

Un seul éditeur de cette ville, M. KELLER, a exposé un ouvrage fort curieux, l'*Histoire des Costumes du Moyen âge*, avec planches coloriées. Le texte, selon nous, ne répond pas à la richesse des illustrations.

DUCHÉ DE SAXE-COBOURG-GOTHA.

Par l'application heureuse de la chimitypie à l'impression des cartes géographiques, M. Juste PERTHES, de Gotha, a réalisé le problème de fournir à très-bon marché de fort bonnes et belles cartes. Cet éditeur nous montre une collection complète d'ouvrages élémentaires d'histoire et de géographie bien supérieurs à ceux que nous connaissons en France.

Mentionnons aussi la reproduction chimitypique d'une immense planche gravée sur acier que nous avons remarquée dans l'exposition de M. J. Perthes.

ÉTATS-SARDES

L'*Histoire et Description de l'abbaye d'Hautecombe* est un magnifique échantillon de typographie sérieuse, et fait le plus grand honneur à MM. Chirio et Mina, imprimeurs de Turin, qui l'ont exposé.

Nous voudrions pouvoir combler d'éloges le *Tableau synoptique et statistique des États-Sardes*, exécuté et exposé par M. Iseglio, typographe de Turin. Malheureusement ce tableau, qui ne se distingue par aucune difficulté réelle, ne nous semble point d'une perfection telle qu'il convient à un travail destiné à une Exposition. Nous connaissons plus d'une page de l'ouvrage de M. Le Play, *les Ouvriers d'Europe*, exposé par l'Imprimerie Impériale de France, qui, quoique moins chargée en composition, l'emporte de beaucoup cependant comme difficultés d'agencement et mérite d'exécution.

TOSCANE

L'Imprimerie galiléenne de Florence n'a exposé qu'un seul ouvrage. Nous le regrettons, car c'est un bon spécimen de l'art typographique, qui nous a prouvé avec quels soins il est interprété dans cet établissement.

PORTUGAL

Un travail en filets typographiques, exposé par MM. Castro frères, de Lisbonne, nous a paru fort intéressant. Au moyen de lames de zinc, ces Messieurs se sont donné pour tâche de reproduire certaines figures de géométrie, ainsi que certains dessins d'ornement, assez compliqués. Nous ne pouvons cependant accepter l'opinion de MM. Castro, qui prétendent remplacer ainsi les cadrats pour cintres, inventés par M. Derriey. De ce qu'ils ont surmonté habilement de véritables difficultés, il ne s'ensuit pas que tout le monde puisse en faire autant, et plus d'un typographe exercé serait contraint de quitter la partie. Ce genre de travail, aussi bien que l'*Album* de M. Monpied, aussi bien que le *Gutenberg* de M. Moulinet, ne peut être et ne sera jamais qu'un genre exceptionnel, praticable seulement à quelques typographes doués d'une aptitude toute particulière. Tout cela n'empêche pas que la forme exposée par MM. Castro ne soit fort bien exécutée, et nous pouvons le dire avec justesse, elle méritait et elle a eu les honneurs de l'examen de tous les typographes parisiens venus à l'Exposition, en même temps que leurs éloges, cela va sans dire.

GRÈCE

M. Koromélas, élève de MM. Didot, et imprimeur à Athènes, a envoyé un ouvrage grec à trois colonnes, ainsi que le spécimen des caractères de son imprimerie. Ces caractères ont-ils été gravés et fondus en Grèce ? Nous l'ignorons. Quoi qu'il en soit, ils nous ont paru assez bien gravés.

ÉGYPTE

Par les ordres du vice-roi d'Égypte, Saïd-Pacha, cent cinquante volumes en langue arabe ont été envoyés à l'Exposition universelle. Tous proviennent de l'imprimerie établie à Boulac, un des faubourgs du Caire. Quelques-uns de ces ouvrages sont illustrés de gravures.

ÉTATS-UNIS

L'indifférence des imprimeurs de l'Union américaine a été plus grande encore que celle de leurs confrères anglais. Aucun d'eux n'est représenté à l'Exposition universelle, et cependant on ne compte pas moins de 4,000 imprimeries aux États-Unis. Ce nombre prodigieux n'a rien qui doive surprendre : chacun sait qu'en ce pays les premières constructions élevées dans toute ville nouvelle sont le temple d'abord, l'imprimerie ensuite. Nous aurions cependant aimé voir ces immenses journaux qui contiennent la matière d'une douzaine de volumes, et pour le tirage desquels on a dû construire des machines à quatre étages. Malheureusement, nous sommes obligés de nous contenter des quelques ouvrages exposés par les soins des divers Commissaires des États de l'Union. Quelques-uns d'entre ces ouvrages peuvent donner une idée du travail typographique aux États-Unis, et nous font en même temps regretter l'abstention des imprimeurs. Citons parmi ces ouvrages : le ***Catalogue illustré de l'Exposition de New-York***, inférieur cependant au catalogue Clowes, le ***Report of a geological survey of Wisconsin, Iowa and Minesota***, l'***Histoire naturelle de l'État de New-York***, et enfin les ***Oiseaux d'Amérique***, ouvrage grand in-plano, par le célèbre naturaliste Audubon. Cet ouvrage, bien qu'exécuté à Londres, appartient en réalité aux États-Unis, car il fut exécuté d'après les dessins de l'auteur et sous sa surveillance immédiate.

MEXIQUE

L'Imprimerie au Mexique est encore bien en retard des progrès qu'elle a faits en Europe. Cependant, nous ne pouvons que louer les quelques volumes imprimés à Mejico et exposés par M. Ignace Cumplido. Il est bien entendu que nous ne parlons ici que du travail typographique ainsi que des soins donnés à l'impression : les caractères sont vieux et usés, et les vignettes ont au moins dix années d'existence. Néanmoins, nous le répétons, l'exécution est généralement satisfaisante.

Quelques clichés en plomb envoyés par M. Decaen, aussi de Mejico, complètent l'exposition mexicaine.

II

GRAVURE ET FONDERIE DES CARACTÈRES

Nous avons déjà parlé des innombrables richesses que possède l'Imprimerie Impériale de France en caractères de toutes sortes et de toutes langues. Nous ne reviendrons donc point sur ce sujet, et nous commencerons aussitôt l'examen des principaux produits de la fonderie typographique.

M. Marcellin Legrand est certainement un des premiers graveurs et fondeurs en caractères de notre époque. Depuis longtemps déjà, son nom figure glorieusement dans les annales de l'Imprimerie française, et ce n'est là qu'une juste récompense des admirables travaux qu'il a accomplis. En 1825, M. M. Legrand fut choisi pour graver les nouveaux types de l'Imprimerie Impériale ; entreprise déjà grande, mais qu'une autre plus grande encore allait bientôt surpasser. En 1834, en effet, il présentait à l'Exposition française ses premiers essais de gravure d'un caractère chinois, et, dix ans plus tard, sa tâche était achevée : à force de recherches et d'études, il était parvenu à réduire le nombre des types de 30,000 à 9,000, sans que cette énorme réduction nuisît en rien à l'emploi du caractère. Ce travail colossal méritait d'être récompensé, et le fut, à l'Exposition de 1844 par une Médaille d'or : mais une autre récompense, peut-être plus flatteuse encore, était venue déjà récompenser l'artiste infatigable : il avait vu les types qu'il avait créés employés à Macao et à Ning-Po, à l'impression d'ouvrages destinés à la Chine et au Japon.

De semblables travaux équivalent à de véritables titres de gloire ; aussi M. Marcellin Legrand s'est-il contenté tout simplement d'exposer quelques alphabets des principaux caractères étrangers qu'il a gravés et fondus, tels que chinois, japonais, tamoul, zend, etc., ainsi que divers volumes dans lesquels on a fait usage de ces caractères. Ce qui n'empêche pas que nous n'ayons encore admiré une charmante ronde, corps six, véritable merveille de gravure microscopique.

Dans l'exposition de M. Marcellin Legrand, se trouve aussi un *moule multiplicateur*, au moyen duquel on peut fondre de 120 à 160 lettres d'un seul coup, ce qui porte le travail de deux ouvriers à 48,000 par jour.

La *Fonderie générale*, dirigée par M. Laboulaye, est, à coup sûr, l'établissement le plus considérable de France pour l'industrie qui nous occupe ici. Les nombreux spécimens que nous avons vus à l'Exposition Universelle des caractères gravés et fondus dans cet atelier, attestent l'importance de ses travaux en même temps que les soins éclairés avec lesquels ils sont exécutés.

Les types français exposés par M. Laboulaye nous ont paru en général bien gravés. La forme des lettres y est élégante et sévère tout à la fois : on n'y rencontre point ces contournements bizarres que certains fondeurs de nos jours semblent tant affectionner ; elles se détachent nettement les unes des autres, de manière à rendre la lecture plus facile. Les caractères d'affiches sont aussi fort remarquables. La galvanoplastie, devenue l'auxiliaire active de la Fonderie, a servi à la fabrication de presque toutes les matrices de ces caractères. Ce procédé, du reste, est généralement employé maintenant en pareil cas.

Une page de musique, d'après l'ancien système, est aussi d'une bonne exécution comme gravure et comme fonderie. Les approches en sont régulières, ainsi que l'alignement général des fractions de portées.

La *Fonderie générale* s'occupe aussi des types étrangers : de fort beaux échantillons de caractères russes, hébreux, arabes, coptes, syriaques, etc., font partie de son exposition.

Parmi les caractères de fantaisie, nous avons remarqué surtout une fort élégante *gothique renaissance*; mais nous devons avouer notre peu de prédilection pour les *écossaises*. Ce nouveau genre de lettres a nous ne savons quoi de grêle, de tourmenté, qui leur donne un aspect désagréable.

Mentionnons encore une jolie collection de vignettes, fleurons, etc.; une autre collection de traits de plume, des plus capricieux et des plus légers qu'on puisse voir; puis, enfin, un rouleau formé de 800 vignettes, se composant et se décomposant à volonté, et destiné à l'impression des étoffes.

Ce genre d'impressions s'obtient assez habituellement, croyons-nous, au moyen de cylindres en cuivre gravés. Le système de M. Laboulaye aurait le double avantage de coûter d'abord moins cher, et de fournir ensuite par la décomposition plusieurs séries de dessins variés, tout en n'employant qu'un nombre limité de vignettes.

M. Battenberg, dont l'exposition se trouve à côté de celle de M. Laboulaye, nous montre ses plus beaux échantillons de vignettes et de caractères de fantaisie. Ce qui distingue surtout les produits de cet exposant, c'est la nouveauté constante de ses types en tous genres. Toujours à la recherche de quelque gracieux ornement, de quelque joli fleuron, il réussit, le plus souvent, à rencontrer d'heureuses combinaisons. Nous ne prétendons pas dire que toutes les vignettes exposées par M. Battenberg soient toutes parfaites comme goût ou comme invention, — on n'a pas tous les jours la main heureuse, — mais, en général, elles nous ont paru irréprochables.

De très-beaux caractères de fantaisie ajoutent un attrait de plus aux spécimens de M. Battenberg. Nous avons surtout remarqué ses gothiques d'église, ses égyptiennes allongées avec bas de casse et enfin toute sa série d'étroites maigres.

Mentionnons aussi les caractères d'écriture, anglaise ou ronde, sans combinaisons, — avantage réel pour le compositeur, — dont plusieurs sont très-bien gravés, et signalons, en terminant, le genre nouveau de *lettres à talon*, pour actions ou valeurs industrielles.

Ce qui donne tant de prix aux travaux de M. DEBERNY, c'est, à notre avis, le goût exquis qui y a présidé. Les types ordinaires que nous montre cet Exposant sont des mieux gravés. Les vignettes, fleurons, encadrements, sont tout à la fois remarquables comme dessin, mais surtout comme élégance. Dans les caractères même de fantaisie, la fantaisie ne se laisse entraîner à aucun écart, le goût le plus pur et le plus sévère y règne toujours, aussi n'hésitons-nous pas à ranger ces caractères parmi les plus beaux que nous ayons vus en ce genre.

En 1849, M. Deberny avait exposé, comme nous l'avons déjà dit, un petit *La Fontaine*, en deux et demi, — nous avons dit *trois* par erreur. Cet habile fondeur a voulu donner un pendant à ce volume lilliputien, et un charmant *Gresset*, dans le même format, fait en ce jour l'admiration des amateurs. Inutile de dire que, malgré sa petitesse, le nouveau caractère ne le cède en rien comme beauté à tous ceux qui l'ont précédé.

M. Deberny nous montre encore un très-joli choix de lettres ornées tirées de manuscrits anciens. Ces lettres, imprimées en diverses couleurs, nous paraissent dignes d'être appelées à figurer dans les plus beaux ouvrages que pourra enfanter l'Imprimerie.

Il arrive souvent de rencontrer dans une industrie de ces hommes heureusement doués qui, par leurs labeurs incessants, leurs recherches assidues, perfectionnent sans relâche le métier, lui font quitter les sentiers battus et finissent par l'amener à devenir un *art* véritable. Tel est le cas qui se présente pour M. Ch. DERRIEY. La Fonderie typographique peut se glorifier à juste titre de cet habile et éminent artiste. Quel typographe, digne de ce nom, oserait ignorer aujourd'hui les magnifiques travaux de cet Exposant? C'est à lui que nous sommes redevables de ces légères vignettes, imitant les traits de plume les plus gracieux et les plus délicats, au milieu desquelles peuvent s'intercaler des lignes entières de texte. Ces encadrements si riches, si parfaits de goût et de dessin, qui rivalisent avec ce que la gravure a jamais produit de plus beau, c'est encore à M. Derriey que nous les devons. Ce fondeur s'est fait, en ce genre, une spécialité qui lui appartient en propre, et que nul n'osera lui disputer de longtemps.

L'exposition de M. Ch. Derriey est digne en tous points de la haute réputation attachée au nom de l'artiste. A la vue de toutes ces admirables choses, on est presque tenté de se demander ce qu'il reste encore à faire, tant l'industrie semble y avoir atteint ses dernières limites. Nous avons surtout remarqué des épreuves de vignettes pour fonds filigranés qui nous ont paru égaler la taille-douce. Des autres vignettes, des encadrements, à quoi bon en parler? le nom de l'Exposant ne dit-il pas tout, et la louange ne serait-elle pas ici superflue?

Arrivons donc à un nouvel essai de M. Ch. Derriey.

Les diverses tentatives faites jusqu'à ce jour pour la composition typographique de la musique n'étaient point des plus satisfaisantes. Chacune des notes emportant avec elle sa partie de portée, il arrivait souvent qu'une ligne entière, au lieu d'être droite et régulière, devenait une série disgracieuse de lignes brisées. Le nombre des sortes mises en œuvre était aussi fort considérable : de 300 dans certains systèmes, de 160 dans d'autres. M. Duverger, de Paris, et, plus tard, ses élèves, MM. Tantenstein et Cordel, inventèrent de nouveaux procédés : mais, bien qu'ils soient aujourd'hui le plus généralement employés, ils ne laissent pas que de présenter encore quelques inconvénients; et, d'ailleurs, ces procédés ne se réalisent que par la combinaison de deux industries : la typographie et la stéréotypie. M. Derriey, à son tour, nous présente un nouveau système qui, quoique fort ingénieux, ne nous semble pourtant pas avoir résolu toutes les difficultés. Dans ce système, les lignes de portées, d'une seule pièce, sont représentées tout simplement par cinq filets en cuivre; les notes, fondues sur cadratin, viennent se placer, soit dans l'entre-deux des lignes, soit à cheval sur ces lignes, avec cette modification, pourtant, que les notes *ré*, *fa*, *la*, *do*, *mi*, par exemple, dont la place se trouve entre les lignes, sont fondues d'une seule pièce, tandis que les notes *mi*, *sol*, *si*, *ré*, *fa*, placées sur les lignes mêmes, sont fondues en deux pièces distinctes. Il en est de même pour les différents signes indiquant les accidents du morceau, tels que dièzes, bémols, etc. ; les queues des notes, enfin, se composent de trois petits traits, etc., etc., Le système, on le voit, est des plus simples ; la composition devient des plus faciles, mais l'impression en sera toujours, selon nous, la pierre d'achoppement. Tant que le caractère sera neuf, tout ira bien ; mais, au bout de quelques tirages, n'a-t-on pas lieu de craindre que différentes pièces des notes ne se joignent plus aussi bien ; que les queues des notes cessent de s'aligner ; que les parties délicates, se trouvant en opposition avec des parties plus fortes, ne viennent plus à l'impression. Nous devons dire, cependant, que les épreuves que nous avons vues de plusieurs pages de musique, composées d'après ce système, nous ont semblé fort belles ; et, du reste, en admettant même que M. Ch. Derriey n'ait point réussi dans son essai, ne lui reste-t-il pas, du moins, l'honneur de l'avoir entrepris ?

Est-il besoin de dire encore que chacune des pièces de ce système est une merveille de justesse et de précision.

M. Derriey est encore l'auteur d'un mode de réglure, au moyen de petits filets typographiques fondus sur système, et se plaçant comme de la matière dans les colonnes des tableaux. Nous croyons connaître assez ce dernier genre de travail pour déclarer que, tout en avouant l'utilité de ce système dans les imprimeries qui n'ont point d'ateliers de réglure sous la main, il ne sera jamais applicable dans le cas contraire, les frais de composition et de matériel étant infiniment supérieurs aux prix minimes où les travaux de réglure se sont abaissés.

Cette remarque s'applique aussi au système de réglure en filets de cuivre, inventé par MM. Renault et Robcis, de Paris.

M. Plon, qui a joint à son imprimerie un atelier de fonderie, nous a donné le spécimen complet de tous les types qu'il possède. Nous reprocherons à cet Exposant d'avoir voulu trop embellir certaines lettres, les *y*, les *g*, par exemple. A quoi bon ces raffinements de contours ? la forme naturelle, celle qui est généralement adoptée, n'est-elle pas cent fois préférable ? Mais nous déplorons davantage encore les formes bizarres que M. Plon a imposées à ses collections d'initiales. L'initiale est un caractère sérieux par excellence : l'ornement ne lui sied point. Il fallait se contenter d'un léger *épattement* dans les traits maigres des A, des V et autres lettres semblables, élargir quelque peu les pointes des A et des V qui, sans cela, ont l'air d'appartenir à un corps étranger, mais non les torturer de manière à les rendre méconnaissables. Nous regrettons d'autant plus cette fantaisie que nous l'avons retrouvée appliquée même aux capitales des caractères ordinaires.

M. Plon nous montre encore une collection de caractères cypriotes, dont les matrices ont été obtenues par la galvanoplastie sur des poinçons en bois. Ces caractères ont été fondus pour l'ouvrage de M. de Luynes : *Numismatique et Inscriptions cypriotes.*

MM. Petitbon et Longien ont aussi exposé de très-beaux spécimens de gravure typographique. Nous y avons vu des séries d'allongées, d'antiques et d'égyptiennes fort remarquables. Les initiales exposées par ces Messieurs ont toutes les qualités qui conviennent à ce caractère. Quelques anglaises et quelques rondes nous ont aussi paru d'une bonne exécution. Quelques-unes, cependant, pêchent par les déliés. Mais la partie principale de l'exposition de MM. Petitbon et Longien, ce sont les lettres et vignettes à l'usage des relieurs. Nous croyons pouvoir affirmer que ces Exposants nous ont montré ce qu'il y avait de mieux en ce genre.

Nous devons signaler, avant de terminer, un nouveau caractère d'écriture, exposé par M. Bertrand Lœuillet, et auquel ce fondeur a donné le nom d'*Express.* Ce caractère, qui imite un peu l'expédiée, est fondu sans combinaisons. Il est remarquable surtout en ce qui concerne les liaisons des lettres entre elles.

L'Imprimerie Impériale d'Autriche est, après l'Imprimerie Impériale de France, le plus riche établissement typographique du monde, sous le rapport des collections de types divers qu'elle possède. Peut-être même est-elle aussi riche, mais comme nombre seulement : nous ne pouvons croire que les collections autrichiennes puissent égaler en beauté celles que nous possédons.

Si l'on en croit la brochure distribuée à l'Exposition Universelle, l'Imprimerie de Vienne possède 25,000 poinçons en acier de caractères ou d'ornements, dont 122 alphabets, sans compter les différents corps, et, parmi les poinçons de caractères, 14,000 appartenant aux langues étrangères. Le nombre des matrices est de 80,000.

Grâce à ces immenses richesses, il a été possible à l'Imprimerie de

Vienne de composer l'*Oraison Dominicale* en 206 langues ou dialectes, en employant les types spéciaux à chacune de ces langues.

Parmi les caractères exposés par cet établissement, il en est deux surtout qui ont attiré l'attention de tous les typographes : ce sont les caractères chinois et les caractères sténographiques systématiques.

Tout le monde sait que les caractères chinois se composent d'une certaine quantité de traits de formes différentes, affectant des positions diverses et se combinant entre eux sous des conditions de nombre qui varient de 1 à 70 [1]. Chacune des figures ainsi obtenues, représentant soit un objet, soit une idée, il devient facile de concevoir à quel énorme chiffre a dû s'élever, petit à petit, le nombre de ces caractères, puisque, à chaque nouvel objet, à chaque idée nouvelle n'ayant aucun rapport avec ce que connaissait déjà le peuple chinois, un nouveau signe était créé. Le chiffre de 80,000 ne semblera donc point exagéré ; cependant, comme dans ce nombre se trouvent certains signes créés sans règle aucune, celui de 30,000 est généralement adopté par les sinologues.

L'impression typographique des ouvrages chinois exigeait donc la gravure de 30,000 types différents. C'était là une dépense colossale, sinon une difficulté : un gouvernement pouvait seul entreprendre une semblable tâche. Nous avons vu déjà que M. Marcellin Legrand avait seul accompli cette œuvre, et qu'il était parvenu à réduire à 9,000 le nombre des caractères. Cette énorme réduction était basée sur la remarque constante que, dans la composition de tout caractère chinois, se retrouvaient toujours certains signes élémentaires. Ces signes élémentaires ou radicaux sont connus des sinologues sous le nom de *clefs*. Les 9,000 types de M. Marcellin Legrand se composaient donc d'abord de la série des clefs, — on en compte 214 environ, — et ensuite de tous les autres signes qui viennent les modifier en se combinant avec eux.

[1] L'écriture chinoise a dû être certainement à son origine une écriture toute hiéroglyphique. Les signes bizarres qui la distinguent ne pouvaient être autre chose qu'une représentation informe des objets. L'opinion des savants est unanime sur ce point, et, depuis longtemps déjà, on a rejeté comme absurde la tradition qui rapportait que l'inventeur des caractères chinois avait pris pour modèles les empreintes laissées sur le sable par les pattes des oiseaux.

Dans ce système, la composition typographique devient des plus faciles, grâce au numéro d'ordre que le fondeur a gravé sur la face supérieure du bloc du caractère. Le sinologue se contente simplement de donner, en guise de manuscrit, les séries des numéros d'ordre représentant les groupes à reproduire, — numéros indiqués par un tableau *ad hoc*, — et le compositeur n'a plus qu'à prendre ce groupe dans le casier qui lui appartient.

M. L. Auer, voulant réduire encore le nombre des types, imagina de faire graver chacun des traits dont ils sont composés, et de les faire fondre sur système. La tâche du compositeur est alors de combiner tous ces signes selon les indications de la copie.

Ce nouveau système exige assurément un matériel moins important et, partant, moins coûteux que celui de M. Marcellin Legrand, parce qu'il suffit de la fonte de 400 traits; mais le temps employé dans la composition des groupes et dans la distribution, mais surtout la difficulté réelle que présente la composition ne compensent-ils pas bien et au delà les frais de fonte et de gravure, rendus, d'ailleurs, moins onéreux par la galvanoplastie. Nous avons compté, dans la forme en langue chinoise exposée par l'Imprimerie de Vienne, un groupe composé d'une trentaine de traits ou de pièces servant à les parangonner. Que l'on juge du temps qu'il a fallu passer à ce travail : que serait-ce encore s'il s'agissait de groupes qui se composent de 70 coups de pinceaux, et il en existe !

Nous savons fort bien que l'Imprimerie de Vienne a composé tout un ouvrage au moyen de ce système ; mais, tout en donnant les plus grands éloges à ce procédé ingénieux, ne peut-on se demander si le système de M. Marcellin Legrand n'aurait pas rempli le même but avec plus d'économie? Nous croyons pouvoir l'affirmer.

Les caractères systématiques, destinés à la reproduction de la sténographie, nous paraissent avoir le même inconvénient, ou, plutôt, plus d'inconvénients : au lieu de 400 types, il y en a 1,070. Ajoutons, toutefois, que les combinaisons sont moins compliquées.

Un certain nombre de fondeurs anglais ont envoyé leurs spécimens à l'Exposition. La qualité principale de tous les caractères que nous avons examinés, c'est la netteté des types, ainsi que la grande facilité avec laquelle on peut les lire, depuis les plus fins jusqu'aux plus gros. Les types présentés par M. Henry King et par M. Besley sont dignes de remarque : mais le premier fondeur de la Grande-Bretagne, à en juger par ce que nous avons vu au palais de l'Industrie, c'est, sans contredit, M. Caslon. Les nombreuses épreuves envoyées par cet Exposant nous ont paru irréprochables comme gravure et surtout comme fonderie. Nous y avons remarqué de très-belles gothiques, de fort élégantes initiales étroites, mais nous ferons aux caractères *italian-hand* le même reproche que nous avons fait aux *écossaises* de M. Laboulaye.

Un fondeur de Prusse, qui porte un nom illustre dans l'histoire de l'Imprimerie de ce pays, M. Unger, a envoyé de beaux échantillons de caractères sanscrits, coptes et arabes.

Dans les spécimens de M. Pennequin, de Belgique, nous avons retrouvé tous les types, ou à peu près, de nos fondeurs français. Nous ne savons guère ce qui resterait à cet Exposant, si nos compatriotes fussent venus revendiquer leurs caractères. Rien ou presque rien.

M. Tetterode, de Rotterdam, s'est contenté d'envoyer le spécimen de ses caractères et deux alphabets : celui de la langue japonaise et celui de la langue des Bataks, population de l'île de Sumatra. Les caractères ordinaires n'ont rien de bien merveilleux. Quant aux alphabets étrangers, ils sont assez bien gravés, mais la simplicité des signes offrait peu de difficultés.

D'autres fondeurs en petit nombre ont encore envoyé leurs produits à l'Exposition, mais ceux-ci sont tellement insignifiants qu'il est inutile de les mentionner.

La France, une fois encore, a maintenu sa supériorité dans la Fonderie typographique. Cependant, nous devons le dire, quoi qu'il en puisse coûter à notre amour-propre national, si les fondeurs de notre pays ont montré plus de goût dans la gravure des caractères, dans la combinaison de leurs ornements, quelques-uns d'entre eux ont aussi fait preuve d'un certain laisser-aller dans l'exécution matérielle du travail, c'est-à-dire dans la fonderie. Les approches, chez nous, sont souvent défectueuses. Il n'en est point de même pour les produits anglais, par exemple. Chez nos voisins d'outre-mer, la rigidité la plus complète règne dans l'alignement des lettres, tandis qu'il nous arrive quelquefois, au contraire, de rencontrer certaines lettres rebelles, dont le pied se trouve tantôt au-dessus, tantôt au-dessous du niveau général. La différence est bien peu de chose, d'accord ; il faut être du métier pour s'en apercevoir, nous ne cherchons point à le nier ; mais ce n'en est pas moins un mal et un mal facile à prévenir. Le remède, d'ailleurs, ne serait-il pas tout trouvé ? Ne suffirait-il pas de suivre tout simplement l'exemple des fondeurs anglais, qui ne fondent jamais par assortiments, mais toujours par quantités considérables. L'opération, destinée à régulariser les approches, est une des plus délicates et des plus longues de la fonderie ; la répéter le moins possible est le seul moyen de la bien exécuter. Nous savons que l'adoption de ce système exigerait, de la part des fondeurs français à qui s'adresse notre reproche, un capital bien plus important que celui dont ils disposent peut-être, mais il nous semble que les questions pécuniaires doivent s'effacer, dès qu'il s'agit des progrès d'une industrie ou de la bonne exécution du travail. Avant tout, en toutes choses, on doit chercher le bien ; sinon, mieux vaut rester coi.

La dureté des caractères typographiques a toujours été et est encore une des plus grandes préoccupations des fondeurs. Les tirages à la mécanique altèrent, en très-peu de temps, l'œil de la lettre, et l'on a songé, depuis longtemps déjà, à chercher les moyens d'empêcher cette prompte détérioration. C'est ainsi que quelques fondeurs ont ajouté d'abord une certaine quantité de cuivre à l'alliage de plomb et d'antimoine ; plus tard, M. Colson fondit des caractères ferrugineux, au moyen d'un alliage de plomb, d'antimoine, de fer et d'étain. Vers ces derniers temps, un Américain imagina de recouvrir l'œil de chaque lettre d'une légère couche de cuivre, au moyen de la galvanoplastie ; procédé qui, selon nous, a l'inconvénient de grossir quelque peu le relief de la lettre, si la couche de cuivre est d'une certaine épaisseur :

tandis que, dans le cas contraire, elle ne le garantit que d'une manière inefficace, et pendant fort peu de temps.

A l'Exposition française de 1849, fut exposée, par M. Petyt, une machine destinée à fabriquer à froid des caractères d'imprimerie en cuivre. C'était là certainement une excellente invention, mais nous ne savons pour quelles raisons elle n'a pas eu de résultat.

Les *caractères galvanoplastiques*, exposés par M. Sirasse, nous semblent réunir toutes les conditions rigoureuses de dureté sans nuire en rien à la pureté des types. Dans ce nouveau genre de caractères, l'œil de la lettre est entièrement en cuivre pur, la tige seule est en plomb. C'est au moyen de la galvanoplastie que M. Sirasse a pu réaliser sa découverte, et nous la croyons appelée à rendre les plus grands services à l'Imprimerie. Les procédés employés pour la soudure de l'œil et de la tige donnent toutes les garanties possibles de solidité : nous doutons que ces deux parties se puissent jamais séparer l'une de l'autre. L'impression obtenue sur ces caractères sera bien plus belle et plus nette ; ils pourront, en outre, supporter sans altération sensible un tirage cinq ou six fois plus considérable. Tous ces avantages réunis nous paraissent enfin assez importants pour faire promptement adopter cette invention nouvelle.

III

STÉRÉOTYPIE

De tous les produits exposés appartenant à la Stéréotypie, il n'en est certainement pas de plus beaux que ceux qu'a présentés M. MICHEL, de Paris. Ce stéréotypeur, nous ne craignons point de l'affirmer, est non-seulement le plus habile de la capitale, mais encore de la France, et nous pourrions dire aussi de l'Europe, car il est plus d'un ouvrage, imprimé soit en Angleterre, soit en Allemagne, dont les clichés sont sortis des ateliers de M. Michel.

Le plomb avait toujours été employé dans la fabrication des clichés : cet Exposant fut le premier qui fit usage du bitume pour le clichage des vignettes : mais, bientôt, frappé des graves inconvénients que présente l'emploi de cette matière, reconnaissant en outre qu'elle ne pouvait plus servir dès qu'il s'agissait de texte, il se tourna vers la galvanoplastie, et, s'en faisant une spécialité, à force de recherches, de travaux assidus, il réussit à lui faire faire de rapides progrès.

Les travaux de M. Michel ont été bientôt appréciés. Il n'est point d'imprimeur, point d'éditeur, qui ne s'adressent à lui lorsqu'ils ont besoin de beaux clichés galvanoplastiques. Le journal l'*Illustration*, le *Magasin pittoresque*, lui ont confié la reproduction de leurs bois.

et ces tirages remarquables que nous avons admirés dans l'exposition de M. Best ont été opérés sur ces clichés. Avant tout, chercheur infatigable, toujours à la piste des perfectionnements à apporter dans son industrie, cet habile stéréotypeur en est arrivé à résoudre des problèmes presque irrésolubles. Il ne se passe point de semaine qu'il ne réalise quelque tour de force. Le journal l'*Illustration*, par exemple, n'accorde que 24 heures pour la confection de ses clichés, et cependant un aussi bref espace de temps suffit à M. Michel. Quelle que soit la dimension des bois, quelque difficultés qu'ils présentent, le travail, grâce à certains procédés, s'achève à l'heure dite. Notez que nous avons vu de cet Exposant des clichés d'une dimension égale à celle de deux pages réunies de l'*Illustration* et dont l'exécution n'avait point dépassé le délai accordé. Il y a là véritablement de quoi s'étonner, quand on songe à la lenteur du procédé galvanoplastique.

M. Michel ne s'est point borné seulement au clichage des vignettes : le premier encore il a appliqué son procédé aux pages de texte.

Les clichés en plomb présentent, comme on le sait, tous les inconvénients du mobile, et ne peuvent s'obtenir d'ailleurs qu'au détriment de l'œil de la lettre. On sait aussi combien est désastreuse dans le clichage, soit au plâtre, soit au papier, l'opération du chauffage qui, répétée à plusieurs reprises, sépare le régule du plomb et finit par rendre mou le caractère le plus dur. Un retrait considérable est encore la conséquence du refroidissement de la matière, de sorte que pour les ouvrages soignés il est presque toujours impossible d'employer les clichés conjointement avec le mobile. Enfin, au bout d'un certain nombre de tirages, l'impression devient illisible, et cela, plus promptement peut-être que si l'on eût tiré sur le caractère lui-même, le peu d'épaisseur du cliché offrant moins de résistance que la longueur des lettres.

La galvanoplastie supprime tous ces inconvénients : la dureté du caractère n'est plus affaiblie, l'œil de la lettre n'est plus altéré, le moulage à la gutta-percha ne lui causant pas plus de dommage qu'une épreuve à la presse. Le cliché obtenu est à $^1/_{1000}$ près de la même dimension que le mobile, — c'est le chiffre rigoureux du retrait de la gutta-percha ; — d'une dureté extraordinaire, il peut en outre supporter un tirage deux fois plus considérable, et quelque nombreux que soient les exemplaires, le dernier sera toujours semblable au premier. Nous pouvons donc dire avec raison que M. Michel, en appliquant le stéréotypage galvanoplastique au texte, a rendu tout à la fois service aux imprimeurs dont il ménage les caractères, et aux éditeurs qu'il met en possession d'ouvrages toujours parfaitement lisibles, quel que soit le nombre des éditions.

M. Petin, de Paris, a exposé quelques clichés assez remarquables en plomb, et quelques clichés galvaniques de diverses feuilles d'arbres, ce qui n'a rien de difficultueux, grâce à la gutta-percha.

Quelques clichés galvanoplastiques de gravures sur bois exposés par M. Boudreaux, méritent encore d'être signalés.

L'Imprimerie Impériale de France nous montre quelques clichés galvanoplastiques de divers encadrements, ainsi que leurs matrices en gutta-percha.

L'Imprimerie Impériale de Vienne n'a qu'un seul cliché, mais qui en vaut plusieurs à lui seul, car il a cinq cent quarante pouces carrés de superficie. Cette énorme dimension n'est pourtant point une difficulté, comme on pourrait le croire, ce n'est absolument qu'une question de temps et de cuve. L'opération véritablement difficile pour de semblables pièces, c'est le revêtement en plomb de la face inférieure du cliché. Cette couche de plomb doit être d'une épaisseur parfaitement égale dans toutes ses parties, si l'on veut obtenir une bonne impression, et cette égalité ne s'obtient qu'à force de soins et de tâtonnements.

Un stéréotypeur anglais, M. Henry Cole, a donné au stéréotypage galvanoplastique une application fort heureuse dans la restauration de bois gravés par Albrect Durer et faisant partie d'une œuvre de cet artiste, *la Petite Passion*. Ces bois avaient été endommagés par les vers et certaines parties avaient disparu.

Les vides ainsi formés furent soigneusement bouchés au moyen d'un mastic ; et sur les clichés en cuivre obtenus par les procédés ordinaires, il devint dès lors facile à un graveur de rétablir les tailles effacées.

M. Binger, de Rotterdam (Pays-Bas), nous fait faire connaissance avec un nouveau procédé, la *galvanogliphie*, destiné à transformer une planche gravée en creux, qui ne pourrait s'imprimer qu'à la presse en taille-douce, en une planche en relief susceptible de passer sous la presse typographique. Voici l'explication de ce procédé :

« La *galvanogliphie* consiste dans une opération très-simple.
« Lorsque le graveur a fait mordre à l'eau forte son trait sur
« une planche en zinc, au lieu d'enlever le vernis dont il avait
« d'abord couvert cette planche, c'est sur ce vernis même qu'il
« étend successivement avec un rouleau de légères couches d'encre
« siccative, qui sans entrer dans les tailles ne se déposent que sur
« le vernis primitif. Au moyen de ces couches superposées, les creux
« de la gravure acquièrent une profondeur de plus en plus grande.
« Alors la plaque ainsi préparée est descendue dans une pile
« galvanique, où se forme une autre planche, en contre-épreuve,
« dont le relief est égal au creux que l'on avait obtenu par l'effet des
« couches superposées [1]. »

M. Gillot, de Paris, est encore allé plus loin par la découverte qu'il a faite de la *panéiconographie*. Il n'a pas besoin d'une planche gravée pour reproduire une planche typographique : un dessin, une gravure, une lithographie, une épreuve de taille-douce, une vignette imprimée typographiquement lui suffisent. Cette transformation s'opère de la manière suivante :

« Lorsque sur une plaque de zinc un report à l'encre lithographique
« d'une gravure ou dessin est opéré, on encre avec un rouleau ce
« report, puis au moyen d'un tampon en ouate, on le saupoudre de
« colophane réduite en poudre impalpable. Elle adhère aux parties
grasses et les solidifie.
« On place ensuite la plaque au fond d'une caisse remplie d'eau

[1] *Encyclopédie moderne*, article Typographie, par M. A. Firmin Didot, col. 886.

« acidulée de cinq jusqu'à douze degrés, et après une demi-heure « d'un mouvement lent de bascule donné à la boîte le relief est « obtenu, si c'est un dessin au crayon.

« Si le dessin offre un travail en tailles plus espacées, on retire la « plaque de temps en temps pour l'encrer fortement à l'encre « lithographique ; et après avoir de nouveau enduit de colophane « cet encrage, on réitère l'opération dans la boîte remplie d'eau « acidulée. Cette opération est répétée jusqu'à ce qu'on ait obtenu « le creux nécessaire. Les grandes parties blanches sont enlevées « à la scie à repercer[1]. »

M. Gillot nous a donné les preuves évidentes des éminents services que son invention est appelée à rendre par les nombreux spécimens qu'il a exposés : nous avons vu des reproductions de toute sorte, des actions, des dessins, des cartes géographiques, et enfin des vignettes tirées d'anciens ouvrages.

Le procédé inventé par M. Duverger, et perfectionné ensuite par MM. Tantenstein et Cordel, pour l'impression typographique de la musique, participe tout à la fois de la typographie et de la stéréotypie.

La composition des notes et des signes musicaux s'exécute selon les procédés ordinaires, mais indépendamment des lignes destinées à représenter les portées. Sur le moule en plâtre de cette composition se tracent ensuite les lignes de portées, après quoi l'on cliche en suivant la marche habituelle de ce genre de travail.

L'exposition de MM. Tantenstein et Cordel se compose des principaux ouvrages musicaux dans lesquels il a été fait application de ce procédé. *L'Orphéon*, la *Méthode Wilhem*, en sont les plus connus, et nous dispensent d'en citer d'autres.

Dans ces derniers temps, un stéréotypeur de Paris, M. Curmer a découvert un moyen d'obtenir des formes de musique pouvant être imprimées à la presse typographique. Ce nouveau procédé ne ressemble en rien à aucun de ceux inventés jusqu'à présent : il en est absolument indépendant, et n'a même aucun rapport direct avec l'Imprimerie.

[1] *Encyclopédie moderne*, article Typographie, déjà cité, col. 887.

Il consiste à frapper sur un flan, au moyen de poinçons représentant les divers signes musicaux, une espèce de moule au repoussé qui doit servir à la fabrication des planches stéréotypiques.

Un certain nombre de publications à bon marché : le ***Panorama musical*** à 20 centimes la livraison, les ***Œuvres*** de F. Bérat, n'ont atteint ce bon marché et les bonnes qualités d'exécution qui les distinguent qu'à l'aide de cette nouvelle découverte. L'impression de ces ouvrages nous a paru satisfaisante et nul doute que l'on n'arrive encore à faire mieux, grâce aux perfectionnements que le temps devra nécessairement apporter.

IV

ENCRES D'IMPRIMERIE

La fabrication des encres d'imprimerie est une opération fort délicate et qui exige les plus grands soins. Dosage scrupuleux des diverses parties qui les composent, surveillance assidue pour la cuisson de l'huile, connaissance exacte du moment où il convient de l'arrêter, telles sont les conditions générales à remplir si l'on veut obtenir de bons résultats, et les hommes pratiques le savent, on compte peu de fabricants dont les produits soient véritablement parfaits.

Un certain nombre de fabricants ont envoyé à l'Exposition des spécimens de tirages pour lesquels on a fait usage des encres sorties de leurs ateliers. Ces spécimens sont pour la plupart des albums de gravures sur bois extraites des publications les plus remarquables de nos jours.

Quelque belles qu'aient pu nous paraître les diverses épreuves que nous avons vues, sous le rapport des encres, nous hésitons à porter un jugement. Il nous semble qu'en semblable matière c'est chose délicate que de décider *ex abrupto* de la supériorité d'un produit au détriment d'un autre. Ce n'est, en effet, qu'au bout d'un certain laps de temps que l'on peut avec certitude reconnaître et apprécier les qualités des encres d'imprimerie. Telle encre séchera trop vite et changera promptement de nuance ; telle autre ne séchera jamais : telle qui nous paraît excellente aujourd'hui déposera peut-être dans six mois une auréole jaunâtre autour de chaque lettre. Nous croyons donc agir sagement en nous abstenant de toute appréciation.

Cependant, il est deux Exposants sur lesquels il n'est point permis de garder le silence, et qui se sont fait un juste renom dans l'industrie typographique pour la beauté et la bonté de leurs encres de toutes couleurs. Nous parlons de M. Lawson et de M. Lefranc. Tous les beaux ouvrages que nous avons cités, les ***Musées de Rome***, l'***Histoire des Peintres***, le ***Magasin Pittoresque***, etc., etc., sont tirés avec les encres de ces fabricants. C'est, au reste, à eux que l'on a recours dès qu'il s'agit d'ouvrages hors ligne à exécuter. L'opinion que nous formulons ici ne nous a nullement été suggérée par les spécimens que nous avons vus dans les vitrines de ces deux Exposants. Nous nous sommes fait ici tout simplement l'écho de tous les imprimeurs de Paris.

Un autre Exposant français, M. Thiergarten, nous a paru devoir être encore mentionné. Quelques impressions en couleurs de groupes de fleurs, d'oiseaux, sont fort heureusement traitées comme nuances.

V

MACHINES A IMPRIMER

Un très-petit nombre de presses ou machines à imprimer françaises figurent à l'Exposition Universelle, on n'en compte guère que quinze ou seize ; et encore la construction de la plupart d'entre elles n'offre-t-elle rien de neuf. C'est à peine en effet si nous en avons rencontré deux ou trois qui fussent l'application d'un nouveau système.

Le nombre des constructeurs étrangers est encore plus restreint : trois seulement ont envoyé leurs machines. L'un appartient à la Prusse, l'autre à la Bavière et le dernier à l'Autriche.

L'un des premiers mécaniciens de Paris pour la construction des machines à imprimer, M. Normand, a exposé deux mécaniques : l'une pour les journaux, l'autre spéciale au tirage des ouvrages à vignettes.

La première de ces machines est à deux margeurs, et peut tirer de trois à quatre mille exemplaires à l'heure.

La seconde nous a semblé devoir être fort utile par l'innovation heureuse qu'elle comporte. Des deux margeurs qui travaillent à cette mécanique, l'un passe la feuille à imprimer, tandis que le second passe une feuille de décharge spécialement destinée à empêcher l'impression de maculer, ce qui arrive souvent dans le tirage des ouvrages auxquels elle est destinée.

Une modification importante et des plus utiles a été introduite dans cette dernière mécanique. Il arrive quelquefois pour les machines marchant en retiration que les formes dans le mouvement de va-et-vient du marbre qui les supporte, ou par toute autre circonstance fortuite, éprouvent un dérangement qui, bien que léger, se trouve être parfois assez grand cependant pour détruire la régularité de la marge ou la bonté du registre. Dans la machine de M. Normand, il devient extrêmement facile de remédier à cet inconvénient. On n'a plus besoin de toucher aux formes : il suffit d'une vis, mettant en mouvement un mécanisme *ad hoc*, que l'on tourne plus ou moins pour rectifier à l'instant toute irrégularité venant à se présenter, soit dans la marge, soit dans le registre. Il est bien entendu qu'une vis spéciale est affectée à chacune de ces rectifications. Le jeu que l'on peut ainsi obtenir étant d'un centimètre environ, on comprend que cela suffise amplement à satisfaire toutes les éventualités.

L'imprimerie typographique est déjà redevable à M. Dutartre de plusieurs inventions ou perfectionnements remarquables. Cet habile mécanicien nous montre à l'Exposition deux machines signées de son nom et qui ne démentent nullement leur origine. La première est une machine en blanc pour grands formats d'une très-belle construction, et la seconde, toute nouvelle, résout un problème des plus intéressants pour l'Imprimerie, celui du tirage simultané de deux couleurs différentes.

Soit une page de composition, une affiche par exemple, dont certaines lignes doivent être imprimées en rouge, tandis que certaines autres doivent l'être en noir. Cette affiche se dédoublera naturellement en deux formes, lesquelles se placeront à côté l'une de l'autre sur le marbre de la presse. A chacune des extrémités de la machine sont placés les encriers, le rouge à un bout, le noir à l'autre, et dans le mouvement de va-et-vient, chaque forme se présente à son tour aux rouleaux qui lui sont destinés. La marge s'opère comme dans les machines ordinaires, mais le trajet de la feuille diffère totalement de celui qu'elle a l'habitude de faire. Le cylindre imprimeur au lieu d'une simple révolution en fait deux : pendant la première, la feuille vient s'imprimer sur la première forme, et sur l'autre pendant la seconde, après quoi les cordons la conduisent entre les mains du receveur

La description que nous avons essayé de faire de cette machine n'en donnera peut-être, à notre grand regret, qu'une idée fort imparfaite. Cependant, il est aisé de comprendre les services éminents qu'elle rendra à l'industrie dans une foule de circonstances, et l'économie qu'elle apportera en outre à certaines impressions auxquelles on est obligé de renoncer vu les frais qu'elles occasionnent. L'invention de M. Dutartre amènera chez nous sans aucun doute le goût de ces affiches multicolores si nombreuses chez nos voisins d'outre-mer, qui, du reste, y réussissent à merveille.

Nous n'avons pas besoin de dire avec quelle perfection est construite cette machine. Nous n'en pouvons donner d'autre preuve que le tirage qu'elle exécutait au moment où nous écrivions ces lignes. Il s'agissait d'une affiche rouge et noire, dans laquelle une grande ligne de caractères ombrés présentait cette particularité que le corps de la lettre s'imprimait en noir, et les traits d'ombre en rouge.

La prise de feuilles dans certaines machines s'opère souvent d'une façon quelque peu brutale qui crispe le papier et dérange la marge. Cet inconvénient n'existe pas dans la machine de M. Dutartre : une disposition particulière de l'excentrique rend la prise de feuilles aussi douce, aussi légère que possible, sans rien lui faire perdre de sa ténacité.

Jusqu'à présent, chaque presse à bras était desservie par deux imprimeurs. Désormais, un seul suffira. MM. Paul Dupont et Victor Derniame ont trouvé le moyen d'adapter aux presses ordinaires un toucheur mécanique, qui, par la suppression de l'un des deux ouvriers qu'elles exigeaient, vient doubler la somme de travail obtenu.

Par la construction ingénieuse de cette machine, l'imprimeur n'a plus besoin que de jeter de temps en temps un coup d'œil sur le rouleau preneur d'encre pour s'assurer qu'il fonctionne bien, la touche ne le regarde plus : elle s'opère pendant le temps qu'il relève son tympan. L'abaisse-t-il, le rouleau toucheur se rend auprès du preneur, la feuille s'imprime et le mouvement du tympan procure de nouveau la touche pour la feuille suivante.

L'invention de ce système particulier est toute nouvelle et nous paraît destinée à jouer un grand rôle dans notre industrie. Nous avons vu fonctionner cette presse et nous ne pouvons qu'applaudir au succès de la tentative. Qu'une légère critique nous soit permise, cependant ! La mécanique est une science d'autant plus merveilleuse qu'elle possède mille moyens de faire beaucoup en n'employant que des forces infiniment petites eu égard au résultat. Quelques parties du mécanisme de la presse dont nous nous occupons ici exigent certains efforts de la part de l'imprimeur chaque fois qu'il s'agit de les mettre en mouvement. N'y aurait-il donc pas moyen d'alléger sa tâche en remplaçant ces parties trop faibles ou trop lourdes par d'autres plus légères mais plus énergiques ? L'ensemble du système n'en vaudrait assurément que mieux.

Chacun sait que le grand avantage des machines à platine est surtout d'épargner le caractère, la pression verticale étant bien moins nuisible à l'œil de la lettre que celle des cylindres employés généralement et indispensables toutefois dans les machines en retiration. MM. Paul Dupont et Victor Derniame nous montrent encore une presse à platine marchant à la vapeur. Cette mécanique qui a fonctionné sous les yeux du public, pendant tout le temps de l'Exposition, rend les mêmes services que les machines ordinaires marchant en blanc. La marge s'opère de la même manière ; la prise de feuilles diffère, on conçoit aisément pourquoi.

Nous devons signaler, enfin, des mêmes inventeurs, une presse à épreuves d'une utilité incontestable pour toute imprimerie un peu importante.

Après avoir examiné l'exposition de M. Paul Dupont au point de vue industriel, il nous reste maintenant à l'envisager sous un autre aspect. Ouvrier, dans nos visites à l'Exposition, toutes nos sympathies les plus vives devaient être naturellement excitées en faveur de ces pauvres pionniers de l'intelligence et du travail dont les œuvres resplendissent au Palais de l'Industrie, mais dont les noms, hélas ! demeurent à jamais ignorés. Combien de fabricants, en effet, combien de chefs d'établissements, ont publié le nom de leurs ouvriers.

ainsi que la part qui leur revenait dans la création de toutes ces merveilles ? Le compte n'en serait certainement ni long ni difficile à faire. Bien loin d'imiter cet exemple général, M. Paul Dupont n'a point hésité un seul instant à dénoncer ouvertement au public la collaboration qui lui était venue en aide. En même temps que par l'inscription placée au-dessus des machines exposées, les visiteurs apprenaient que ces inventions étaient l'œuvre collective de simples ouvriers associés à leur patron, M. Paul Dupont, dans sa ***Notice sur l'Imprimerie administrative***, distribuée à l'Exposition, rendait à chacun la justice qui lui était due, signalait au public les œuvres remarquables, désignait leurs auteurs, rendant ainsi facile aux Jurys l'application de la Circulaire qui leur avait été adressée par S. A. I. le Prince NAPOLÉON, Président de la Commission impériale [1].

Nous devons encore signaler un tout petit modèle d'une nouvelle presse mécanique ***à platine et à pinces***, exposée par M. CHARPENTIER, de Paris.

Nous venons de dire l'avantage offert par les machines à platines. Le choix de ce système est donc déjà une recommandation en faveur de cette invention.

La marge se fait exactement comme dans la machine à cylindres : et, par le moyen des pinces, la prise des feuilles s'opère aussi d'une manière très-régulière. La touche, ce grand obstacle des machines à imprimer, devient aussi bonne que possible par l'immense facilité avec laquelle on peut faire faire aux rouleaux toucheurs autant de tours que l'on juge nécessaire. Enfin, nous n'avons vu, dans cette presse, aucuns cordons de conduite : la feuille se détache lettre à lettre de la forme, absolument comme le fait l'imprimeur avec la main, après quoi, elle se rend dans le bac destiné à la recevoir sans le secours de personne, grâce à la force d'impulsion qui lui est donnée.

Une nouvelle presse mécanique, exposée par M. COISNE, de Paris,

[1] Cette circulaire, inspirée par les plus nobles sentiments de justice, engageait les divers jurys à prendre auprès des Exposants et au besoin même *à exiger* tous les renseignements nécessaires sur la coopération des ouvriers aux œuvres exposées.

présente encore dans sa construction une modification importante. Le marbre destiné à recevoir les formes n'a plus son mouvement habituel de va-et-vient : il reste immobile, et le cylindre imprimeur, au lieu d'une simple révolution sur son axe, se déroule le long d'une crémaillère. La marge et la prise des feuilles s'opèrent comme de coutume ; mais un receveur mécanique vient rendre inutile l'emploi de l'apprenti chargé de ce travail. Le nombre de tirage obtenu est de 1,000 par heure si l'on fait marcher la presse à bras, de 1,200 si l'on applique la vapeur. Un grand avantage encore offert par cette machine, c'est de ne point exiger de fosse et de pouvoir par conséquent se placer partout.

Quant à l'exécution du travail, nous avons sous les yeux une vaste affiche format raisin, illustrée de vignettes sur bois et dont l'impression, opérée sur cette machine, ne laisse rien à désirer.

La machine exposée par M. Hippolyte Marinoni est spécialement destinée à l'impression des journaux. Elle occupe quatre margeurs, autant de receveurs de feuilles, et peut tirer de 5,500 à 6,000 à l'heure. C'est aussi la plus grande machine que nous ayons vue à l'Exposition. Elle est fort belle, et c'est un admirable spectacle que de la voir à l'œuvre. Ces feuilles de papier, s'enroulant et se déroulant, passant si près les unes des autres qu'elles paraissent vouloir se confondre, et venant, cependant, chacune à leur tour, se présenter à l'impression pour aller de là se rendre aux postes qui leur sont assignés, produisent sur l'imagination un effet magique.

M. Marinoni est, dit-on, en train de construire une machine colossale qui devra tirer 15,000 à l'heure, et sera desservie par une douzaine de margeurs. Hâtez-vous donc, Monsieur, et qu'on ne nous parle plus de ces énormes léviathans américains tant prônés, qui consomment, dit-on, des milliers de rames par jour !

Les presses mécaniques de M. Alauzet ne nous ont point paru se distinguer par aucuns détails particuliers de construction. Nous avons cru même y retrouver les divers systèmes généralement employés ; cependant, nous devons mentionner les beaux tirages qu'elles ont exécutés. Les impressions en couleur de M. Silbermann ont été faites par ces presses, celles aussi de l'*Histoire des Peintres*, celles des *Musées de Rome*.

M. Voirin a exposé une machine ordinaire, en blanc, et qui ne se distingue que par l'application d'un receveur de feuilles mécanique.

Parmi les inventions envoyées par les départements, nous n'avons rien vu de remarquable : un imprimeur de Montbrison, M. Bernard, est même revenu, en quelque sorte, au bon vieux temps. La presse qu'il expose, bien que construite en fonte, est une reproduction exacte des anciennes presses en bois.

La presse de M. Sigl, de Berlin, n'offre qu'une modification du mécanisme destiné à lever ou à abaisser la platine. Il en est de même de celle de M. Heim, d'Offenbach.

Une presse mécanique, exposée par M. Reichenback, d'Augsbourg (Bavière), nous a paru devoir être mentionnée pour son peu de développement et, par suite, le peu de place qu'elle occupe. Nous n'avons pu voir fonctionner cette presse, car elle est toujours restée au repos.

VI

USTENSILES D'IMPRIMERIE

MACHINES A COMPOSER

Trois machines à composer figurent à l'Exposition Universelle : la première, de M. Adrien Delcambre, de Paris ; la seconde, de M. H. Delcambre, de Bruxelles ; et, enfin, la troisième, de M. Sorensen, de Copenhague.

S'il ne suffisait, pour constituer une bonne machine et la doter de toutes les qualités voulues pour la mettre en état de rendre d'éminents services, s'il ne suffisait que de la faire construire avec tout le luxe possible, de n'y employer que les métaux les mieux polis, de la surcharger de dorures et, enfin, de l'élever sur un piédestal en disant : ***Voilà mon œuvre !*** le piano-type de M. Adrien Delcambre, de Paris, serait certainement le ***rara avis*** du genre, et le problème tant désiré de la composition mécanique serait enfin résolu à la grande consternation des typographes.

Qu'on se rassure, cependant ! Dieu merci ! nous n'en sommes point encore là. A quelques modifications près, le piano-type est resté tel que nous l'avons vu il y a quinze ans. Les métaux polis, les dorures ont pu le rendre plus riche, plus élégant, mais non pas plus utile. Aucun progrès sérieux n'a été fait vers le but proposé, et tous les inconvénients qu'entraînait, il y a quinze ans, son application subsistent encore aujourd'hui, quoi qu'en disent les inventeurs.

Certes, aux yeux de quiconque n'est pas du métier, le problème est résolu ; et, dans nos fréquentes visites au palais de l'Industrie, nous avons entendu plus d'une fois les exclamations d'une foule émerveillée à la vue de cette ingénieuse machine : — nous lui avouons franchement ce mérite. C'était alors le moment du triomphe de l'inventeur. Le regard fier et assuré, il laissait errer nonchalamment ses doigts sur les touches d'ivoire, et les lettres obéissantes se hâtaient d'accourir... La petite sonnette destinée à prévenir que le composteur est rempli avait surtout un succès prodigieux.....

Mais le malheur veut qu'une machine, pour être reconnue bonne et applicable, soit examinée par des hommes du métier, et, devant un tel examen, le piano-type perd bientôt tout prestige.

Aux hommes du métier, en effet, on ne pourra céler aucun de ces désavantages que n'aperçoit point l'ignorant. Le premier discute sérieusement, le second accepte à la légère. Ce n'est pas un typographe que l'on pourra jamais convaincre des 60,000 [1] levés en un jour par deux enfants de 14 ans : l'un composant, l'autre justifiant. Un enfant de 14 ans justifiant ! Mais M. Adrien Delcambre les prend donc en apprentissage au sortir du berceau pour qu'à 14 ans ils soient capables de faire ce que beaucoup de compositeurs de 40 ans ne savent souvent pas faire encore convenablement : — nul n'ignore que la justification est la chose capitale, et l'opération la plus difficile à bien exécuter de la composition....

Mais il nous semble tout à fait inutile de répéter ici les arguments que l'on a invoqués à bon titre contre l'invention de M. Delcambre ; la question est résolue depuis longtemps déjà, et le piano-type est

[1] « C'est vraiment étonnant le nombre des lettres que l'on doit ainsi composer » — avons-nous entendu dire à une charmante petite dame qui admirait le piano-type ; « car, enfin, quand je suis à mon piano, combien de notes fais-je » entendre en très peu de temps ! » Ne serait-ce point là, par hasard, l'explication des 60,000

toujours, comme le disait M. A.-Firmin Didot, en 1851 [1], « une « ingénieuse machine, mais qui offre tant de difficultés dans « l'application qu'elle n'a eu, jusqu'à présent, aucun résultat « pratique. »

La Machine à composer de M. H. DELCAMBRE étant basée sur le même système que celle dont nous venons de parler, nous lui appliquerons le même jugement.

La machine inventée par M. SORENSEN est bien plus ingénieuse encore que celles de MM. Delcambre. La distribution s'y fait en même temps que la composition, et sans donner le moindre souci au compositeur, qui n'a qu'à mettre en mouvement avec le pied une manivelle chargée de faire fonctionner l'appareil distributeur. Mais aussi que de complications entraîne cette machine! C'est d'abord la fonte d'un caractère spécial, d'une hauteur particulière, créné d'une manière différente pour chaque lettre, et non pas seulement d'un simple cran comme dans nos caractères ordinaires, mais d'entailles profondes se dirigeant en différents sens et en nombre variable. Ces entailles rendent la machine impossible pour les caractères comme le cinq, le six et peut-être même le sept. Chaque machine ne peut servir qu'au caractère pour lequel elle est construite, à moins que l'on n'accepte l'embarras d'avoir, par exemple, du huit corps onze, du sept corps onze, etc., si la machine est faite pour du onze. Enfin, à tous ces inconvénients vient encore s'ajouter celui de la justification qui s'opère comme de coutume.

Rendons justice, cependant à M. Sorensen : il nous a prouvé qu'il était typographe ; car il ne demande pas deux *enfants* de 14 ans pour diriger sa machine et justifier ; il demande deux *ouvriers*, et n'annonce que 50,000.

Aucune de ces machines ne répond donc au but que l'on veut atteindre, et, dans notre conviction, ce but ne sera jamais atteint. Les machines ne sont intelligentes que dans les strictes limites qui leur

[1] *Encyclopédie moderne*, article TYPOGRAPHIE, déjà cité, col. 881

sont assignées : hors de là, leur pouvoir s'annihile. Or, deux opérations bien distinctes constituent la composition : la levée de la lettre, puis la justification. La première opération n'est que machinale, le piano-type la remplit aisément, — nous contestons, toutefois, l'exactitude du nombre déclaré : — mais la justification est un acte tout intelligent, que n'accomplira jamais aucune machine ; car jamais aucune machine ne reviendra sur ses pas pour changer une espace ou en ajouter une autre.

Tout typographe véritable doit donc partager notre opinion, et s'il faut dire tout, nous ne concevons pas la persistance de MM. Delcambre à nous présenter sans cesse leur piano-type. C'est une de ces machines à consigner dans un musée de curiosités à côté des monstrueux ophicléïdes de M. Sax : l'un et l'autre sont aussi utiles.

COUPOIRS, BISEAUTIERS, ETC

MM. Deberny et Ch. Derriey ont envoyé chacun un petit modèle des coupoirs qu'ils ont inventé, et au moyen desquels il est facile au compositeur de faire des angles de toute espèce, de manière à reproduire toutes sortes de figures polygonales. Quelques spécimens exposés par ces Messieurs indiquent toute l'utilité de ces coupoirs. Cependant, celui de M. Derriey nous semble préférable comme offrant plus d'applications.

M. Breitensten, prote d'imprimerie, expose son *taille-filets*. Si nous avions eu l'honneur d'être consulté par cet Exposant, nous lui aurions fortement conseillé, dans l'intérêt de son invention, de ne pas montrer la forme représentant un portique ou quelque chose de ce genre, et destinée à faire connaître toutes les applications dont est susceptible le *taille-filets*. Cette forme nous a paru être bien plutôt la critique de l'instrument que sa glorification. Elle donne une idée peu flatteuse de l'exactitude du résultat, car la plupart des filets ne se joignent point, les angles de jonctions n'étant pas semblables, et les blancs ainsi produits causent à l'œil l'effet le plus désagréable. — Après cela, nous dira-t-on, peut-être n'est-ce pas la faute de la machine.

Mais le coupoir par excellence, le complément obligé du matériel d'une imprimerie, c'est assurément la machine de M. Foucher. Cet Exposant a réuni en un seul tous les instruments, tels que coupoirs, biseautiers, rabots, etc., utiles aux compositeurs. Construite avec le plus grand soin dans tous ses détails; chacun des travaux accomplis se trouvant contrôlé, en quelque sorte, par d'ingénieuses combinaisons, la machine Foucher est appelée à rendre une foule inimaginable de services. Elle permet de couper, avec une justesse remarquable, des interlignes de toutes longueurs. Les petits filets que l'on rencontre souvent en très-grand nombre dans certains tableaux, font le désespoir du compositeur par les soins qu'il faut apporter pour leur donner la justesse et l'aplomb convenables; au moyen de cette machine, on en fabrique de grandes quantités en un clin d'œil et d'une régularité parfaite. Aucun coupoir ne ménage l'œil du filet. M. Foucher a trouvé le moyen de parer à cet inconvénient : les filets les plus minces, les plus délicats sortent intacts du coupoir.

Grâce à cette machine, les angles, pour toutes sortes de polygones, s'obtiennent aisément et sur des filets de longueurs variables.

A-t-on besoin d'espaces, un léger changement au mécanisme transformant la machine, lui permet d'en fournir à meilleur marché que chez les fondeurs, et d'une exactitude que n'atteignent souvent pas ces derniers.

Au moyen d'une scie circulaire, il devient enfin facile de couper, dans tous les sens, les gros filets, les clichés et même les lingots que l'on peut ainsi utiliser, en les mettant sur de petites justifications, lorsque leur justification primitive a perdu de son exactitude.

Sur l'un des côtés de la machine, le constructeur a disposé une place pour le jeu des rabots dont on a souvent besoin, soit pour mettre d'équerre les clichés, soit pour rectifier la justesse de corps des lettres d'affiche.

La machine Foucher, d'après le rapport présenté par M. Jouaust à la Chambre des Imprimeurs, fournit une économie de plus de 400 francs sur le prix d'achat des divers ustensiles qu'elle réunit. Il n'est point, à notre avis, d'instant du jour, où l'on ne puisse, dans un atelier, lui donner un emploi des plus utiles et, en même temps, des plus efficaces par la régularité parfaite de ses produits.

Signalons encore du même Exposant ses petites machines à fabriquer des espaces. La grande promptitude et la justesse avec laquelle elles opèrent les rendent indispensables à l'industrie typographique.

M. Mélin est l'inventeur d'une machine du même genre que celle que nous venons d'examiner, mais bien moins compliquée dans ses détails et rendant par suite moins de services. Les produits en sont aussi moins bons : les espaces, les filets débités à cette machine, par exemple, présentent toujours une légère ébarbure que nous n'avons jamais rencontrée avec la machine Foucher. Malgré la plus grande dépense que nécessite l'achat de cette dernière, nous la préférons à celle de M. Mélin.

M. F. Derriey a imaginé un nouveau système de blocs pour clichés, se composant et se décomposant de manière à pouvoir servir pour tous les formats. Ce système nous semble fort utile en ce qu'il réduit le matériel coûteux des blocs d'une seule pièce employés jusqu'alors.

Le même Exposant est inventeur de griffes dites *pyramydales* pour maintenir les clichés sur leurs blocs. Ces griffes ont l'immense avantage de ne pouvoir jamais, en raison de leur forme, être enlevées pendant le tirage, ce qui arrive quelquefois avec les griffes ordinaires, et occasionne souvent de graves accidents.

M. Petin a aussi exposé un modèle de griffes *irremontables* destinées à remplir le même but.

Il y a quelques années, un prote d'imprimerie, M. Creuzet, avait imaginé une disposition particulière fort ingénieuse de blocs pour clichés pouvant s'adapter à toutes sortes de formats. Ce système, nous l'avons trouvé mis en pratique sous le nom de *Châssis-blocs universels* par M. Boildieu, fabricant d'ustensiles d'imprimerie. M. Boildieu a-t-il fait cette découverte en même temps que M. Creuzet, ou bien M. Creuzet l'a-t-il cédée à M. Boildieu? C'est ce que nous ignorons.

Quant au *serre-pages* de M. Mackintosh, de Bruxelles, destiné à tenir lieu de ficelle pour lier les paquets de composition en caractères typographiques, nous ne pouvons le regarder que comme une mystification véritable.

Au nombre des machines à fondre les caractères d'imprimerie qui se trouvent à l'Exposition, il en est deux que nous devons mentionner : l'une de M. Derriey, l'autre de M. Johnson, des États-Unis.

La première de ces deux machines est employée dans les ateliers de l'inventeur, c'est dire son mérite : la seconde vient d'être adoptée par l'Imprimerie Impériale de France.

Une machine dite *typogène*, pour la fabrication des caractères en cuivre, est exposée par M. Cardon, de Troyes. Cette machine nous a paru fort compliquée, et nous ne pensons même pas qu'elle fonctionne, car nous n'avons jamais entendu parler de ses produits.

Paris. — Imprimerie de Paul Dupont, rue de Grenelle-Saint-Honoré, 45.

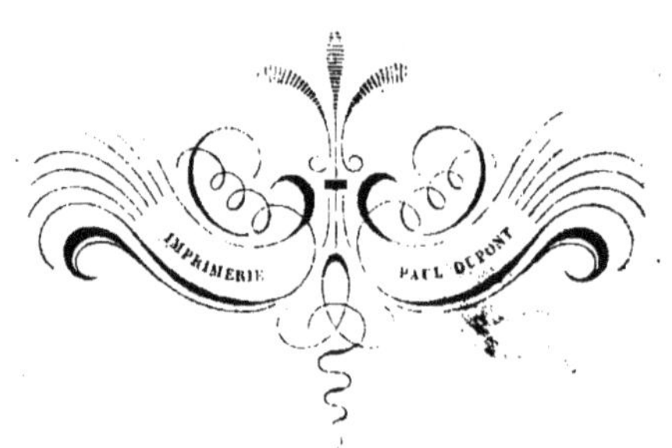
IMPRIMERIE
PAUL DUPONT

www.ingramcontent.com/pod-product-compliance
Lightning Source LLC
LaVergne TN
LVHW020038170826
845678LV00001B/314

* 9 7 8 2 3 2 9 6 9 7 0 6 2 *